部活魂！

この文化部がすごい

読売中高生新聞編集室

★——ちくまプリマー新書

352

目次＊Contents

はじめに

「そんな企画、うまくいくのかねぇ」

本書の原作となった読売中高生新聞の連載「部活の惑星」が始まる前、何度も聞いた言葉です。

悲観論が出た理由はいろいろあります。一番大きいのは「新聞らしくない企画だから」というものでしょうか。

普通、新聞に取り上げられる中高生と言えば、飛び抜けた才能があったり、何かの大会で優秀な成績を残したりした人、あるいはハンデを乗り越えるなどドラマチックなエピソードがある人がほとんどです。

誰もが経験する部活に取り組む普通の高校生を主役にする。それも、小説風の連載に——というアイデアに懐疑的な意見が出るのも当然でした。

まず挙がったのが、「普通に考えればネタが持たないだろ」という至極まっとう（に見えた）意見。おまけに、新聞のスタイルとは大きく異なる小説風——ノンフィクションノベル風というオシャレな言葉を使う記者もいました——の記事なんて、担当するデスクも記者もほとんど書いた経験がない。

うまくいく公算なんてありません。「ただ単にすごい部活や中高生を紹介するのではなく、等身大の一〇代を描きたい」という思いだけでスタートしたのがこの連載でした。

幸い、中高生の熱量は、そんな担当者の不安をあっという間に吹き飛ばしてくれました。連載のトップバッターとして登場してくれた大泉高校女子ラグビー部（群馬県）のみなさんが、私たちに、はっきりと道筋を示してくれたのです。

何を描くべきかを。

彼女たちの連載の最終回に、こんな下りがあります。誕生したばかりの女子ラグビー部が初めての対外試合に臨む場面です。

〈一〇月二六日朝。きょうは大泉高校女子ラグビー部にとって記念すべき初の公式戦。

真新しい青のユニホームに身を包んだアスカ（仮名）は、いつもより高めの位置でポニ

ーテールを結った。そういえば、チームで円陣を組むのって、初めてかもしれない〉

普通の新聞なら、「アスカは仲間と円陣を組み、気合を入れた」とさらりと書くところかもしれません。しかし、取材を担当した女性記者は実際に試合を見ていて、いつもと髪を結ぶ位置が違うと気づいたそうです。そして、その気持ちがすごくよくわかった、とも。円陣を組む場面も単なる説明ではなく、あえてアスカ目線で描きました。「初めて円陣を組んだ」という事実だけでも、ドラマチックではありますが、より読者のみなさんにアスカと自分を重ねてほしいと思ったからです。

何か大事なことに臨む前、みなさんは自分をどう奮い立たせるでしょうか。ちょっとぎこちなく、初めて仲間と円陣を組んだとき、初めて仲間とハイタッチを交わしたとき、みなさんはどんな気持ちになったでしょうか。

アスカの本気は、私たち取材班に〝忘れかけていた何か〟を思い起こさせてくれました。そして、その時、描くべきは「本気だからこそ生まれる気持ちと場面」だと気づかされたのです。

連載は読売中高生新聞の名物コーナーの一つにまで成長しました。

本書は、二〇一四年一一月の読売中高生新聞創刊から五年以上続く「部活の惑星」シリーズの中から、文化系の部活を取り上げた連載に加筆・修正を加えたものです。

定番のあの部活から、初めて聞くユニークな部活までバラエティーに富んだ活動を紹介していますが、共通しているのが、「一〇代の本気」です。

本気だから流せる涙がある。
本気だから悩むことがある。
本気だから知ることができる人の温かみがある。

読者のみなさんには、担当記者が現場で心震わされた一〇代の熱量を感じていただければ、幸いです。

近年、部活を巡る環境は大きく変わりつつあります。「ブラック部活」という言葉も生まれたほか、部活による教員の負担も社会問題となっています。高校スポーツの象徴的存在である高校野球でも、投手の球数制限をはじめ、改革に向けた様々な議論が始まりました。確かに時代に応じて部活も変わっていかなければなりません。ただ、中高生を取材し続けている現場から言わせてもらえば、その議論で大切にしてもらいたいのは、一〇代が思い切り情熱を注げる環境をどう作り上げていくか、という視点です。

繰り返しになりますが、本書に登場するのは、どこにでもいる普通の中高生。部活の熱いドラマはいまも全国各地で数え切れないぐらい生まれているのです。

最後に「部活の惑星」に登場していただいたすべての中高生のみなさんに一言だけ感謝の言葉を。

部活や勉強で忙しい中、長時間にわたる取材に協力していただき、本当にありがとうございました。

みなさんの一生懸命が生み出す物語を、取材班の記者はいつもワクワクしながら記事にしています。自分がみなさんと同じ世代だった頃の姿を重ねつつ、時に笑顔で、時に涙し……。どの物語にも例外なく、ぐわんぐわんと心揺さぶられてきました。

でも、これって、言い換えれば、みなさんが中学や高校で過ごす時間は、それほど濃密だってことなのかもしれません。
どうか、これからも今という瞬間を大切に。ステキな本気をありがとう!!

(本文に登場する人物は、一部を除き、仮名です)

I

頂点を目指せ！

富士高　百人一首部――和歌の高嶺に腕を振りつつ　（静岡県）

窓の外に広がる青空の真ん中に、雪化粧を施した富士山がそびえ立つ。

い草の香りと一二月の凜《りん》とした冷気が漂う練習場で、コノハとマミは極限まで神経を研ぎ澄ましていた。正座で向き合い、額を突き合わせるように、畳の上に並ぶかるたに視線を落とす。

ピンと張りつめた空気を、百人一首の自動読み上げ機の音声が破る。

〽ちは……

「ビシッッツ‼」

静寂からの爆発的な動――。ほぼ同時に動き出した二人だが、コノハの右手がわずかに早く札をはじき飛ばした。

一瞬の決着の余韻を際立たせるかのように、読み上げ機の朗々とした声が続く。

〽千早《ちはや》ぶる　神代《かみよ》もきかず　龍田《たつた》川《がわ》――

ここは、富士高校百人一首部。競技かるたの全国大会で一九七九年の第一回大会から一〇連覇を成し遂げた古豪だ。大人気漫画『ちはやふる』に登場する強豪校のモデルともいわれる。

二年生のコノハとマミはその名門の看板を背負って立つダブルエースだ。

◆ダブルエース運命の出会い

「なんてキレイなの……」

小四の夏、コノハは兄が通っていた富士高校の文化祭を訪れ、思わず息をのんだ。百人一首部の模擬試合。色鮮やかなはかま姿のお姉さんが、あり得ないくらいのスピードで札を奪いあう。その激しさと美しさときたら……。

これやってみたい‼

一目惚《ひとめぼ》れとはまさにこういうことなのだろう。コノハはすぐに百人一首の本を買ってもらい、暇さえあれば、かじりつくように読みあさった。

地元に競技かるたの教室があることを知ると、すぐに入門を決めた。その頃にはすでに、百人一首をほとんど暗記していたから、「すごい小学四年生が現れた」と愛好家の間ではちょっとした話題にもなった。

もう一人のエース、マミが百人一首と出会ったのはその一年後、小五の冬だ。

手元にかるたの札を積み重ね、マミはそれはそれはご満悦だった。学校の授業でやった百人一首のかるた。枚数を減らした遊び程度のものだったけど、面白いように札が取れた。

「超気持ちいい〜‼」

友達より先に「バシーン」と札を払えたときの何とも言えない快感。それをまた味わいたくて、マミもコノハと同じかるた教室の門を叩《たた》いた。

とは言っても、二人の物語が交錯するのはもう少し先の話。

マミが入ったのは、初心者クラス。すでに上級者クラスにいたコノハは雲の上のような存在で、同学年とは言え、校区も違うし、教室で一緒になることもなかったのだ。それに中学に入ると、それぞれ学校の部活が忙しくなり、教室に顔を出す機会も減った。

近くて遠い場所にいた二人が初めて言葉を交わしたのは、二〇一七年の春。富士高校に入学してからのことだ。

いま振り返ると、その出会いは運命に導かれたものだったのかも、とコノハとマミは思う。

〽瀬をはやみ　岩にせかるる滝川の　われても末に　逢はむとぞ思ふ

百人一首から言葉を借りるなら、それは、岩で二つに分かれた川の流れが再びまた一つに戻るような必然とでも言おうか。

◆ライバルとの初試合

競技かるたの名門、富士高校百人一首部の練習は基本、部員同士の練習試合で進む。

マミとコノハも入部直後の高一の四月下旬、初めて札を挟んで向かいあった。

コノハ「ヨロシクね、イイダさん」

マミ「アオヤマさん、お手柔らかに……」

かるた教室に通っていた経験者として、期待を集めていた二人。初対戦はまわりからも注目されたし、試合前のあいさつも何だかよそよそしい。

小学生時代から上級クラスで腕を磨いていたコノハは新入部員で唯一、「初段」の段位を持つ腕前。この日の試合はハンデ戦で行われた。

競技かるたは百人一首が書かれた一〇〇枚のかるたのうち、二人でそれぞれ二五枚ずつ札を取って自陣に並べる。読み上げられた札のうち、自陣の札を取れば自陣から一枚減り、敵

陣の札を取れば、自陣の札を一枚敵陣に送ることができる。先に自陣の札をなくした方が勝ちなのだが、この日の戦いは、マミが相手陣の札を奪えば、自陣の札を二枚相手陣に送れるというもの。

「これなら勝てるんじゃ？」

そう思って臨んだ初陣は、あっさり終わった。相手陣の札を取るどころか、自陣の札までコノハにさらわれ、九枚差の圧倒的な敗北を喫したのだった。

かるたの勝敗を分ける一つの要素が、耳の良さだ。

例えば、同じ「あ」で始まる札でも、その後に続く文字が違えば、「あ」の発音は微妙に異なる。それを聞き分けることができれば、相手よりも早く動き出せる、というわけだ。特に自分から距離がある相手陣の札を取るには耳の能力が問われる。

あとから知った話では、コノハはピアノを習っていた経験もあり、絶対音感の持ち主なんだとか。どうりで強いわけだ。

◆はじめての勝利の味

百人一首部では、誰と戦って何枚差で決着がついたのかを毎日、欠かさずノートに書き残す。マミの記録に基づき、「VSコノハ戦」を振り返ると——。

●五月二五日、初めてハンデなしで対戦。三枚差で負け。

と、ここまではよかったけど、

●六月一九日、「三度目の正直」の三戦目。……一二枚差で敗北。

完膚《かんぷ》なきまでにたたきのめされ、意気消沈。

〽風をいたみ　岩うつ波の　おのれのみ　くだけて物を　思ふころかな

頑強な岩に打ちつけては砕け散る波のように、マミの心も叩きのめされたのだった。

「何とかして、コノハに勝つ方法はないものか」

コノハの強みは相手より一歩先んじられる耳。これは天賦の才みたいなもので、一朝一夕に追いつけるものではない。

全体練習が終わってからも毎日、練習場が閉まるギリギリまで居残り練習を続け、思いついたのが「払い」の特訓だ。

いかに最短距離で動き、トップスピードで札に触れるか。指の伸ばし方に、手首の振り方……。無駄をなくして、コンパクトに「ビシッ‼」と決める。

払いがうまい先輩をマネして、何度も何度も札を叩く。授業中の居眠りで札を取る夢を見て、机を叩いちゃったのにはさすがに驚いたけど（笑）。

敗北と練習を繰り返して迎えた高一の夏。マミのノートについに歓喜の二文字が刻まれた。

○八月七日、コノハに三枚差で勝ち――。

ギリギリだけど勝ちは勝ち。

「まだ実力差はあるけど、コノハをライバルと思っていいのかな」。少し自信がついた。

対抗心を燃やしたのはコノハも同じ。

「同学年には絶対に負けたくなかったのに‼」

入部当初からは、想像もできなかったマミの急成長は、後にコノハをさらなる進化に導くことになる。好敵手の存在はいつだって、人を強くするのだ。

◆勝てん。奥深き団体戦

百人一首部に入って半年たった高一の秋、マミとコノハに待ちに待った瞬間が訪れた。

「みなさんにはこれから、団体戦に挑戦してもらいます」

来たぁぁぁぁっ‼　ずっと憧れていた団体戦。高校かるたの花形と言えば、仲間と戦う団体戦なのだ。

一チームは五人。一列に並んでそれぞれが相手チームの選手と戦い、三勝したチームが勝ちとなる。基本は一対一の戦いだけど、五つの対戦すべてが同時進行で行われるので、仲間と支え合いながら戦い抜く。

例えば、富士高校の場合、相手陣の札を取ったら、「抜いたっ‼」と大きな声で仲間や対戦チームにアピール。ミスをした仲間がいれば、「焦らなくていいよ」と心を落ち着かせる。

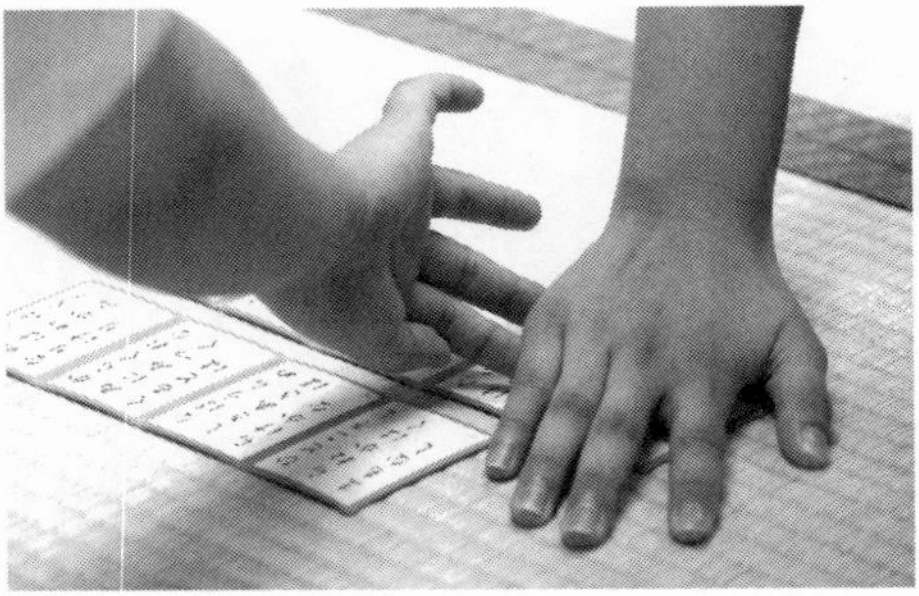

孤独な個人戦では、相手に一度つかまれた流れを取り戻すのは簡単じゃないけど、団体戦では、仲間の声が力になる。劣勢でも、かけ声で調子を取り戻して、一気に勢いづくなんてこともあるのだから面白い。
マミとコノハらの当面の目標は、一カ月後に迫った一年生同士による県新人戦での優勝。メンバー的には優勝候補筆頭であることは間違いなかったのだが、仲間と戦うかるたは、想像以上に奥が深かった。
まず知ったのが、団体戦特有の緊張感。今までは目の前の札に集中すればいいだけだったのに、仲間のプレーにも気を配らなくてはならない。二対二になって自分で勝敗が決まるときなんかは、チームメートの祈るような視線が心に突き刺さる。
そんなこんなで、団体戦の練習では悪戦苦闘。コノハは札位置の暗記がおろそかになり、マミにいたってはお手つきを連発し、個人戦では勝てていた相手にも黒星を喫した。

新人戦は予選で各選手が個人戦三試合を戦い、成績優秀者の多いチームが、団体戦で決勝に進む特殊ルールで行われる。団体戦恐怖症に陥りかけていたマミとコノハも個人戦では順調に勝ち星を重ね、いよいよ決勝を迎えた。

大一番でダブルエースをよみがえらせたのは、やはりお互いの存在だ。

まず、お手つきを連発していたマミがみせる。

「抜いたぁぁぁーーーっ!!」

もはや、なるようになれ。やけくそ気味に放ったど迫力のかけ声に会場がどよめく。初めて見るマミの隠れた〝野性〟に、みんな一瞬、あぜんとしたけど、コノハだけは違った。

「マミの声、気持ちいい!!」

負けじと札を払い、「抜いた!!」の連発。二人は競うように札をとり続けた。

〽嵐吹く　三室の山の　もみぢ葉は　竜田の川の　錦なりけり
嵐で吹き飛ばされた紅葉がその後、川を美しく染めるように、試練を乗り越えた二人は県新人戦優勝という秋の歓喜をチームにもたらしたのだった。

季節は巡り、高二の夏。マミとコノハに大きなチャンスが舞い込んだ。

「今年の県予選のメンバーを発表します」

顧問の稲垣先生が切り出す。全国大会につながる県予選の登録メンバーは八人。もちろん三年生が中心になるのだが、

「……コノハ！　……そして最後にマミ!!」

まさかの大抜擢《だいばってき》に、二人は「はいっ!!」と力強く返事をし、目を輝かせた。

◆快進撃、そして未来へ

クーラーが効いたバスから降りると、照りつける日差しでじわりと汗がにじむ。二〇一八年七月、決戦の地を踏んだマミとコノハは、胸の高鳴りを抑えきれずにいた。

滋賀県大津市の近江《おうみ》神宮。百人一首の一番歌を詠《よ》んだ天智天皇《てんじ》がまつられる「かるたの聖地」であり、高校日本一を決める「全国高等学校かるた選手権」の舞台にもなっている。

県予選を勝ち抜いた名門・富士高校が目指すのはもちろん全国の頂点。二年生とはいえ、

二人に期待されるのは、勝利だ。

トーナメントで争う団体戦。富士高校は快進撃を見せた。

会場が沸いたのは三戦目。過去一一度の優勝を誇る男子校・暁星高校（東京）との対戦だ。こっちは歴代最多の優勝一二回とは言え、最近は分が悪い。日本一になるには、絶対に越えなければならない壁だ。

「いくぞぉぉぉー‼」

さすが強豪。〝男子力〟全開の野太い声は経験したことないど迫力。サブで応援席にいたマミまで思わず気おされた。

コノハは接戦の末、敗れたものの、ここで鬼気迫る戦いを見せたのは、大会を最後に引退する三年の先輩たち。すさまじい気迫で格上相手に一歩も譲らず、ねばり強く札を払い続けた。

三対二。息詰まる戦いを制した瞬間を、マミとコノハはきっと忘れない。放心状態で汗をぬぐう先輩、応援席で涙を流し喜びを爆発させるOB……。名門の看板を背負う重さを知った。

「私に行かせてください‼」

迎えた中津南高校（大分）との準々決勝。二人は出場を直訴した。先輩たちは激戦を終えたばかり。チームのために少しでも力になりたかった。

勢いに乗る富士高校は先輩たちがまず二連勝。マミとコノハら残る三人のうち一人でも勝てば準決勝進出が決まる圧倒的優位に立ったが、ここからが全国の厳しさだった。

先に決着がついたのはマミの方。いま振り返ると、焦りがあったのかも。終盤の勝負所、読み手の声に瞬間的に体が動いたが、「しまった‼」と思った時には、札を払っていた。痛恨のお手つき。先輩も同時に敗戦が決まり、これで二対二。

最後の一人、コノハも苦しかった。この時点で自陣には七枚も札が残っており、相手陣はわずか二枚。普通なら諦めてもおかしくない場面なのだが……。

「まだまだここから。絶対に勝つ‼」と、怒濤《どとう》の連取、連取で、あっという間に一枚差。マミも奇跡を信じ、必死に声を張り上げる。

「コノハ、いける‼」

小さく頷《うなず》いたコノハは畳の上のかるたに視線を落とし、最後の気力を振り絞る。

「絶対、絶対、優勝する――」

大会を終えた帰りのバス。隣同士に座ったマミとコノハは車窓の景色をぼーっと眺めていた。

「もしも、あのときに違う札が読まれていたら……」

「もしも、私じゃなくて先輩が試合に出てたら……」

〽逢ひ見ての　のちの心に　くらぶれば　昔はものを　思はざりけり

子ども心に抱いた憧れで、足を踏み入れたかるたの世界。初めて経験した大会は、その命を削るような戦いの厳しさと楽しさを教えてくれた。

次こそは、この舞台でチームを勝利に導く――。言葉交わさずとも、ダブルエースの思いは同じ。高嶺《たかね》を目指す本当の戦いが今、始まろうとしていた。


（二〇一九年一月一八日号～二月八日号掲載）

米子高専　放送部――アクション！　（鳥取県）

◆映画監督はつらいよ

「ザッパーン」と浜辺に押し寄せる荒波。「東映」の映画……ではない。

ここは、鳥取県米子市の弓ヶ浜海岸。高校生向けの国内最大の映画コンクールで二年連続最優秀賞をめざす米子高専放送部が、今季の作品のオープニングに選んだロケ地だ。

〈ベートーベンのピアノソナタ「月光」が流れる中、男が波打ち際で愛を叫ぶ〉

ユウタ『僕と来てほしい。僕たちの国、海底にあるんだ！』

ルイ『ごめんユウタ、私行けない。好きな人がいるの』

〈颯爽《さっそう》と現れる別の男〉

タイチ『ちょっと待ったぁ‼』

ルイ『タイチ君☆』

ユウタ『お前には、ルイを幸せにはできない！』

タイチ『お前こそ、自分勝手なんだよ‼』

ルイ『ケンカはやめて‼』

タイチ『俺のルイちゃんに、手を、出すなぁぁぁ‼』

ザッパーン…………。

〈無残にも海へと投げ飛ばされるユウタ〉


「って何スか、これ。沢本先輩‼　俺、投げられるんスか？」

八月の暑い日。一年の柳瀬川が勢いよく台本を机に置いた。

「え、ダメ？　嫌？」

「てか、海底にある国って何スか‼　竜宮城スか」

「え、ダメ？　そんな嫌？」

「うーん……」

〈映画監督あるある　その1〉

役者はやたら個性的で、言われたことを聞くのは大変。

軽音同好会兼務のイケメンだけに、イメージ低下を招く役は避けたいのか。やれやれ。部長で三年の沢本はため息をつき、自らユウタ役を引き受けた。

米子高専放送部は一九九七年に前身の同好会が結成され、結成二〇年目の二〇一六年、「高校生のための eiga worldcup」の自由部門で最優秀賞を受賞。その名を全国にとどろかせた。

「先輩も俺も『ツーセー』だし、夏は撮影で大忙しですね」

機嫌を直した柳瀬川がニコニコしながら言う。

「それな。今年もみんな、ツーセー頼みだよ」

沢本は黒縁メガネの奥にある眉間《みけん》にぐっとしわを寄せた。

〈映画監督あるある　その2〉

エキストラを含め、出演者の頭数をそろえるのがすごく大変。

ツーセーとは、「通学生」の略。沢本は自宅から通学しているが、鳥取県に一つしかない高専とあって、米子高専には各地から生徒が集まる。で、何が問題かって、遠方から来た「寮生（リョーセー）」が、みんな夏休みに地元に帰るってこと。

二連覇がかかる「worldcup」の締め切りは一〇月上旬。夏休みは大事な時期なのに、圧倒的人員不足に陥るのだ。

大学並みに広いキャンパスをとぼとぼ歩きながら、思案に暮れる沢本。と、その時、

「お、沢本。どうした？」

「あっ、林先輩」

そうだ！　なんてったって、ここは高専。前部長の林先輩のような四、五年生もいれば、大学三、四年にあたる専攻科の先輩もいる。わしゃわしゃいるじゃん、エキストラ。

「先輩！　今度の新作なんですけどね、実は……」

〈映画監督あるある　その3〉

やたら前向き。大変なことがあっても、とにかく何とかする。

◆主演女優は目で、口で、語る

一年生部員の柳瀬川（タイチ役）が、部長の沢本（ユウタ役）を豪快に海に投げ入れる。新作映画の衝撃的な冒頭シーン、実は「フィクションの中のフィクション」という位置づけだ。脚本はこう続く。

ザッパーン……

〈その時タイチは無我夢中だった。つづく〉

まなみ『って、また続くんかい！』

場面は文芸部の女子二人が頭を悩ます図書室に切り替わる。

まなみ『起承転結でいうとこの〝結〟が大事じゃん！』

恵梨香『続きって……書けなくない？』

引退を目前に控えながら、なぜか小説を最後まで仕上げられない文芸部員・恵梨香。彼女こそ新作「夢見る乙女のcontinue」の主役だ。

恵梨香役は、昨年の「eiga worldcup」で、最優秀女子演技賞に輝いた二年の蓮田《はすだ》が務める。審査員の一人だった女優の川島海荷さんに、「自然な演技がいい」と高く評価されたほどの実力者なのだが……。

脚本には実は、別案があった。イケメンの柳瀬川が別の放送コンテストで女装を披露して話題になったことから、米子高専放送部にはこの夏、空前の〝女装ブーム〟が到来。沢本は今回もそのお笑い要素を脚本に取り入れようとしていた。

が、猛反発したのは蓮田だ。

「やりすぎじゃないですか？」

「いいじゃん、ネット配信している設定にしよう！　ユーチューバーみたいなさ。アハハ」

「いや、キモい」

「………」

この会話をきっかけに、沢本と蓮田は半日も言い合いを続けた。「まあまあ」と他の部員がなだめる中、二人はにらみ合って火花を散らしたのだった。

高専生なのに「数学も理科も嫌い」と断言する蓮田は、人には簡単に流されない。この学校に入ったのは、中三の時、放送部の先輩の映画を見て感動したから。映画作りでは妥協できないタチなのだ。

だけど、それはこっちも同じだ。沢本は、譲らない主演女優を見てむっつりとした。

必死のアピールもむなしく、結局、〝女装チューバー案〟はお蔵入りに。「夢見る乙女〜」の撮影で、沢本は蓮田をとらえるカメラ兼監督に回っていた。

「はい本番、用意……スタート！」

続きを書こうとひとりパソコンに向かう恵梨香。そこに意中のモテモテ男子・泰斗（タイチ役と同じ柳瀬川）が現れ、顔と顔が触れそうな距離まで近づく。

泰斗『よく見たらお前、カワイイね』

恵梨香『……‼』

驚きと、戸惑い。セリフはない。だが蓮田の目からはしっかりと感情が受け取れた。「さすがだ」。沢本は確かな演技力を再認識せざるを得なかった。

「なんだかんだいって、沢本監督が仕切らない現場って考えられないかも」

撮影が終わってから、蓮田は周囲にこう語ったという。モテ男子なら「意外とカワイイとこあんじゃん」とほめておくのが正解か。

沢本はおかしくなって、首を横に振った。いやいや、彼女とのバトルに終わりなんかない。物語にはたまには〝結〟なんかなくたって、いいのだ。

◆自称、次期監督　試練の一四日間

九月末、「eiga worldcup」に向けた撮影はクライマックスを迎えていた。映画はただ撮って終わりではない。作品の出来栄えを左右するのが同時進行で進む編集作業だ。

「俺、編集やりますよ」

撮影メンバーに声をかけたのは二年の山崎。もともと動画編集が好きで入部した自称、次期監督候補だ。「頼む」。現監督の沢本からSDカードを手渡された山崎は、意気揚々とパソコンを開いた。それが受難の始まりとは知らずに……。

〈シーン10のテイク数30〉

えっ、多くね……。まず目を疑ったのはテイク数。カメラ二台を回し、広い画角と狭い画角、両方撮っておくことは、ままある。だけど、ワンシーンの数がこんなに多いと、OKカットを探すのも一苦労だ。

「あの沢本さん、これは?」

「あー」という沢本の気のない返事にイラッときた山崎。

そうだ、忘れていた。ロケが大好きで超楽観主義者のこの人はいつも編集のことなんか後回し。これまでも何度、痛い目を見たことか。

「いや、『あー』じゃなくて。多すぎでしょ。そもそも絵コンテもない」

「僕の頭の中にあるよ」

「はぁ?」

撮影前後に参考にする絵コンテは、コマ割りの漫画のようなイメージでいわば完成品の下書き。編集作業には必須だ。

「ピンぼけも多いんですけど」

「そう？　じゃ、今から撮りに行こっか」

絶句する山崎を尻目に、沢本は軽やかに部室を出て行った。

「絶対俺は次期監督。絶対俺は……」

山崎はブツブツと言いながらデータと格闘した。やっかいだったのは、今回の作品が、主人公の女子生徒が描く小説の中の世界と、彼女の現実世界が複雑に交錯しながら進んでいくこと。どうすれば、二つの異なる世界をうまく描き分けられるか……山崎は最後まで頭を悩ませた。

「色調を変えてみたら？」

救世主となったのは、顧問の棚田勤先生。学生時代から映画を撮り、アルバイトでも結婚式場のビデオカメラマンをしていた経歴の持ち主で、動画の編集能力はプロ級だ。

なるほど‼　小説の世界に少しだけ青っぽく補正をかける

と、あら不思議。ぐっと幻想的な雰囲気が増し、見違えるような仕上がりに。最大の難所を突破した山崎はパソコンに向かってぐっと身を乗り出した。

「お、終わった……。セーフ」

作業が終了したのは、作品の提出締め切り一日前。部室の片隅でぐったりしていた山崎だったが、その日は「四〇時間の動画と音声を一四日で編集した男」として部員全員から喝采を浴びた。

「ザッキー、ありがたや～」

主演女優の蓮田に褒められ、ようやく現実世界に戻る。

「まあ、この部にライバルとかいないね！　独占禁止法にひっかかるくらいのレベルで！」

といつものように軽口をたたくと、すかさず棚田先生が笑顔でツッコミを入れた。

「でも、現場を知らない次期監督って、ちょーっとなあ」

いや、そんな時間は……と言いかけてやめた。これを機に沢本さんが大事にする現場ってのにも、少しは足を運ぼうか。次期監督の一歩になるなら――。

山崎はそう思った。

◆二連覇かけた大舞台　ステージから見えたもの

二〇一七年一二月一〇日、三年の沢本率いる米子高専放送部は運命の日を迎えた。「eiga worldcup」の表彰式だ。四五分以内で作る「自由部門」では、二年連続最優秀作品賞を狙う。「夢見る乙女のcontinue」は一次審査を通過したが、果たしてどこまでいけるのか――。

会場の東大・本郷キャンパスのホールに入ると、自信家の編集マン・山崎もさすがに緊張を隠せない面持ちに。なにせカッと照らされたライトの下には、審査員のプロの映画監督、プロデューサー、脚本家がずらりと並んでいたのだから。

「eiga worldcup」は高校映画界の祭典。その表彰式はアカデミー賞の授賞式みたいに進む。午前は地元をテーマにした「地域部門」の表彰から。賞が発表される度にあちこちで歓喜の輪が出来る。と、「優秀作品賞」で沢本ら部員六人にこの日最初の衝撃が走った。

なんと二年の平木と植松、内藤らが撮った作品がその一つに選ばれたのだ。

「レンズノムコウ～ボクらの残したいもの～」と題した作品は、部員を増やそうと奮闘する写真部員を描いた。中国地方最高峰の大山にロケに行くなど、苦労を惜しまなかったことが高く評価されたという。

「う～む」。後輩の栄誉に、沢本は少し複雑な気持ちになった。うれしさの一方、二連覇への重圧がさらに増したからだ。

快挙は続く。

午後の男女の演技賞。トップの「最優秀女子演技賞」で名前を読み上げられたのは——。

「蓮田乃和《のわ》さん」

「ハ、ハイッ⁉」

「夢見る〜」で主演を務めた二年・蓮田が、昨年に続く受賞。壇上で一言を求められた蓮田は「今年は無理だと思ったんですけど……」と演技ではなく、ホントに恐縮していた。

さらに、編集賞でも地獄の編集をやり遂げた自称、次期監督の山崎が「優秀」で続き、いよいよ「最優秀監督賞」の発表に。

「…………」

え、何、このタメ？　心臓が口から飛び出そうな緊張——。

「米子工業高等専門学校‼」

校名が読み上げられると、会場は「おおッ」というどよめきに満ちた。

壇上に上がろうとする沢本。が、動揺で足がもつれる。必死にずれたメガネを引き上げたが、審査員の講評が、これまでの苦労を帳消しにしてくれた。

「この作品は、情熱だとか、友情だとか、〝一生のうちのある瞬間にしか持てない感情〟にあふれています」

最後の「最優秀作品賞」は、もはやダメ押し。今日五つめの賞、そして夢見てきた二連覇だ。

またも促された沢本が壇上に上がる。大会を主催する偉い人が優しい笑顔で言った。

「去年も持ってったでしょ?」

「ハイ（笑）」

顧問の棚田先生が、こっちに一眼レフを向けている。蓮田は、うつむいて涙をこらえている。山崎は、はにかむように見つめている。この賞は、自分だけのものなんかじゃない。

「みんなに支えられました……。本当にうれしいです」

言葉を振り絞る。きっとこの感情も一生にこの瞬間にしかない。沢本は心のフィルムに、響き渡る拍手と笑い合う仲間の姿を、静かに焼き付けた。

（二〇一七年一二月八日号〜一二月二九日号掲載）

開成中・高　クイズ研究部——知の決闘（東京都）

◆先輩・後輩　弱肉強食の知のバトル

日本中にその名をはせる私立校の雄・開成——。あの超難関試験をくぐり抜けた〝知の勇者〟が集うこの学校には、これまた全国にその名をとどろかせる部活がある。

開成クイズ研究部。過去、全国高等学校クイズ選手権を三連覇したこともある強豪であり、心の底から知のバトルに飢える男たちの集まりだ。

期末テストが終わった一二月中旬の放課後。中学校舎の教室に解放感にあふれた部員たちが一人また一人と集まってきた。

教卓を中心に半円形に並べられた机の上には、すでに二〇個ほどの早押しボタンがきれいに並べられている。

中高の生徒が所属するクイ研ではセッティングは早く来た部員が行うのが決まり。知のバトルに先輩・後輩といった序列は必要ない。

「んじゃまあ、やりますか、久しぶりに」。誰彼なしに声がかかった。

問題を読み上げる「問い読み」の部員が教卓に腰掛ける。半円形に並ぶ机の前に座った解答者の部員は、ボタンの上に手をかぶせ、問い読みに向かってぐいと身を乗り出した。

期末明けの初戦。放課後の教室に緊張の糸がピンと張った。


「問題。ずばり、一日w……」

ピーン♪「八万六四〇〇秒」

ピンポーン♪


えっ？　何でそこでわかるのか？　しょうがない。この知的バトルの魅力を知ってもらうためにも少し解説しよう。

当たり前だが、クイズ問題のキモは「答え」だ。実は答えにはある程度、原則がある。

単純なもので言えば、「昨日の僕の夕食は？　答え　トンカツ」みたいに、一般人が知るわけもないプライベートなものはクイズにならない。「いまの日経平均株価は？」みたいな値が変動するのもダメ。

特にポイントになるのが難しさの加減だ。「一日は何時間？」なんて誰でも知っている問題はクイズとしてつまらないし、逆に「ケニアの今の外務大臣は？」なんて重箱の隅をつついたような問題は、答えを聞いても誰も共感しない。

つまり、クイズは答えを聞いた時に、「へぇ」とか「なるほど」みたいな心の動きが生まれるように作られている。言い換えれば、問題文で読まれた言葉に関わる「へぇ」という何かが答えにくる、というわけだ。だから、僕たちは問題で出てきそうな言葉とその答えになりそうな言葉を結びつけて徹底的に記憶している。

で、今回の問題。まず「ずばり」で問題文が短いことがわかる。ポイントは「一日w」。問い読みが「一日」の後にwの音を出したことで次に来るのは「は」であると判断。正解した部員は過去の経験則からここは「一日は何秒でしょう？」という問題だと推測し、解答した。

もちろん推測が外れることはある。だけど「一日は」まで待てば、間違いなくほかの誰かに先を越される。知識、反射神経、勇気、そして運……そのすべてが問われるスリリングな知的バトル。それが早押しだ。

あっ、申し遅れました。僕は高二の吉村。あだ名はよっぴーで、開成クイ研のエースです。

◆クイズとテスト　驚きの共通点

さて、問題。クイ研で活躍する僕、吉村が、かいせ…。

ピーン♪「高校生クイズ」

ピンポーン♪

おっと。つい普段のクセで早押しにしてしまった。

僕、吉村が超難関校、開成をめざしたのは、小学三年のとき、全国高等学校クイズ選手権（通称：高校生クイズ）をテレビで見たのがきっかけだ。

問題文が読み上げられた瞬間に早押しボタンを押し、僕の全く知らないことをスラスラと答えていく高校生たち。中でも開成クイ研のアスリートのような瞬発力と圧倒的な知識量に、僕は一目惚《ひとめぼ》れした。

受験勉強を始めてすぐに気付いたのは、テストとクイズはそっくりだ、ということ。他人より一問でも多く正解した者が勝つ。そして、その勝敗を分けるのは知識量だ。

周囲には「受験にはテクニックが必要」とか言って、塾に行く友達もいたけど、そんなわけで、僕は塾に通うこともなく、至ってシンプルな方針で受験勉強を進めた。知識量で人を圧倒する「クイズ式勉強法」だ。

基本となるのは、参考書の徹底的な読み込みと記憶。参考書を読むときは、時折、出題者の気持ちになってクイズを作り、記憶を定着させる。問題を解くときは、答えがわかった瞬間、脳内で早押しボタンを押し、答えを書く。誰よりも速く、誰よりも正確に……。

小学五、六年のとき、開成クイ研は高校生クイズで連覇を達成。その雄姿をテレビにかじりつくようにして見ていた僕は、ますます彼らへの憧れを強くしていった。

そして二〇一二年春、僕は無事、開成中学に合格した。

◆屈辱、そして感動の早押しの洗礼

開成で新入生が部活に入るのは六月から。春は生徒全員が、五月に行われる学校最大の行事・運動会の準備に専念するためだ。

ようやく訪れた部活体験。僕はクイ研が活動する中学校舎の教室に直行した。

ピーン♪　ピンポーン♪

あぁ、夢にまで見た早押しクイズの電子音……。二カ月もお預けを食らっただけに、音を

聞くだけで心が熱くなった。

「さぁさぁ、一年生は座って座って」

　先輩に促された僕は解答者が座る半円形に並べられた机の前に腰掛け、震える手で早押しボタンを持った。

　屈辱、驚き、そして感動……。それがクイ研デビュー戦の感想。正解はおろか、早押しボタンすらほとんど押させてもらえなかったのだから。

　最後まで聞けば、僕にも答えられた問題はあった。でも、先輩たちは圧倒的な推測力と反射神経で問題文の途中で次々と正解していく。

　やっぱ、開成クイ研ってすげぇ。でも、僕がやりたかったのはまさにこれ。残酷なまでに勝敗がはっきりする知のバトル。

「どうやったらクイズ、強くなれるんですか？」

　初日の最後、先輩たちにそう尋ねると、極めてシンプルな答えが返ってきた。

「ひたすら問題集を読み込んで、覚える。それが強くなるための一番の近道だよ」

なるほど。でも、やっぱ、クイズとテストはそっくりだ。そう思った。

◆地獄の夏合宿

究極の知のバトルに憧れ、開成クイ研に入った新入生が最初に直面する試練が夏合宿だ。己の頭脳と精神を極限まで追い込む〝死のプログラム〟は、あの超難関試験をくぐり抜けてきた秀才らをも容赦なくふるい落としていく。僕、吉村にとって最初の夏もそうだった。

「うわぁ、ちょーすげぇ」

二〇一二年夏、合宿所となる河口湖畔のリゾートホテルに到着した僕らはバスを降りるなり、思わず歓声を上げた。

目の前に広がる雄大な富士山、マイナスイオンが半端なさそうな新鮮な空気、そして、満天の星が心と体を癒やす展望露天風呂——。ここで四泊五日‼　お、おとなのリゾートだ。

先輩たちが最高に楽しいと言っていたのも頷《うなず》ける。

……と、思えたのは、せいぜい最初の三〇分。先輩たちは到着するなり、富士山も見えないホテル内の会議室に早押しボタンをセッティング。

　そこから始まったのだ。朝から未明まで、三度の飯と風呂以外はひたすら早押しという〝クイズ千本ノック〟が……。

　先輩たちが用意していたのは、クイズ業界用語で「企画」と呼ばれるミニクイズ大会だ。方式は様々。七問正解で勝ち抜け、三問間違いで失格の「7○3×《ナナマルサンバツ》」、五分間で獲得ポイントの高いものが勝つ「タイムレースクイズ」、問題文が一〇〇文字以上の「長文」、一〇〇文字未満の「短文」……。

　合宿中、約五〇人の部員は、予選・決勝まで合わせると一本あたり半日はかかる企画を一〇本以上こなした。

　四泊五日じゃ、計算が合わないと思うかもしれない。答えは至ってシンプル。このミニクイズ大会、未明どころか徹夜で続けられる日もあるのだ。

　さすがに徹夜で開かれる企画は自由参加だけど、朝から晩まで早押しボタンを押しまくり、それでもまだ戦いたいと思えるかどうかは、クイズ王になれるかどうかの分かれ道でもある。

　過酷な合宿を終え、一年生部員は二五人から一五人に減った。開成クイ研に「さぼり」という概念はない。勉強したい人、遊びたい人は来なくていい。開成中・高では「生徒の五パーセントに彼女がいる」とされているが、そんな彼女とデートをしてもいい。

でも、僕のクイズ熱は合宿後、さらに燃え上がった。週四回の部活でこれでもかというぐらい早押しボタンを押し、家ではクイズ問題集をひたすら読み込む「自主練習」を一日五時間こなした。

迎えた九月。いよいよクイズ王を目指す僕の最初の勝負がやってきた。クイ研の中一部員だけで争う部内のクイズ大会「中一・オブ・ザ・イヤー」だ。

早押しクイズを勝ち抜き、最後に残った二人が一対一で決着をつけるこの大会。僕が決勝で対戦したのは、将来のエース候補と目される長崎だった。

僕と同様、合宿で頭角を現してきた長崎の武器は圧倒的に強い分野を持つ「深い知識量」。対する僕の武器はクイズ問題集を読み込んで得た苦手分野の少ない「広い知識量」。竜虎相まみえるような対決は予想通り、一進一退の攻防となった。

次々と正解を重ねていく僕と長崎。この日は最後の最後、〇コンマ何秒の押しの差で僕が優勝したけど、その時、確信した。「長崎は僕のライバルになる」って。

◆一〇万問の引き出しを持つ男

開成に吉村あり――。中高のクイズ界に僕の名が知れ渡るきっかけとなったのが、中三の三月に出場した「ＫＱＡ杯」だ。関東クイズ連合（ＫＱＡ）が主催するこの大会は年度最後の公式戦。関東のクイ研はもちろん、関西の名門、灘《なだ》など全国各地から約一七〇人の中高生クイズプレーヤーが集う。

開成高校の食堂を舞台に開かれたその年の大会。僕は、毎日五時間の自主練でたたき込んだ圧倒的な知識を武器に予選を危なげなく通過。その後も華麗な早押しを連発し、決勝にコマを進めた。

決勝の相手は開成の一つ上の先輩と灘高の三年。高校クイズ界で名の知れた難敵との戦いが僕の潜在能力を開花させた。

早押しボタンに手を置いた瞬間、極限まで高まる集中力。「問い読み」の言葉をフル回転で解析する頭脳。膨大な知の引き出しからたった一つの正解が導き出された瞬間の快感……。あの日僕は早押しの極意を知った気がする。

迎えた歓喜の瞬間。

「問題。ローマのサロンに集まり『日曜日の友人たち』と称した文学者グループによって創設された、『魔女』という意味の名を持つイタリア最高の……」

ピーン♪

「ストレーガ賞」

ピンポンピンポンピンポン♪

クイズ業界では、大会で優勝を決めた正解を〝ウィニングアンサー〟と呼ぶ。僕が公式戦初優勝を決めたこのイタリア最高の文学賞の名は、僕のウィニングロードの始まりにもなった。

高校に進んだ僕は無敵の連勝街道を歩んだ。

純粋な知のバトルを求め、出場するのはガチンコの早押しにこだわる大会だけ。

夏休みは、多くの部員がかつて僕も憧れた高校生クイズに出場するけど、僕は出場を見送った。ペーパークイズと早押しで日本一を競う八月の「高校生オープン」に照準を合わせるためだ。

同級生のライバル・長崎は高一の夏、高校生クイズの決勝まで進み、ニューヨークまで行ったが、長崎は長崎。知識量と早押し技術を磨きに磨いた僕はその年、高校生オープンを制し、高校ナンバー1の称号を手にした。

「一〇万問の引き出し」。僕の圧倒的な強さはいつしか畏敬の念を込め、そう呼ばれるようになった。

しかし、挫折というものは、そんなときにこそ訪れる。高校生以下の公式戦無敗のまま迎えた二〇一六年夏の高校生オープン。優勝候補として二連覇に挑んだ僕は、決勝の顔ぶれを見て興奮を抑えきれなかった。

部内のライバル長崎、関東クイズ連合長の早稲田の江並、関西を代表するクイズプレーヤー、大阪星光学院の谷原――。高校クイズ界トップを争う〝四天王〟による頂上決戦。それは僕が求めていた究極の知のバトルそのものだった。

でも……。

この日、何かが僕の歯車を狂わせた。序盤から誤答を連発。焦りと迷いは、いつもはフル回転する頭脳を鈍らせた。

結果は屈辱の四位。高校ナンバー1の座は五年来のライバル長崎に譲り渡すことになった。追い求めてきた知のバトルでの完敗。「なぜ、負けたのか……」。自問自答する僕に引退の季節が近づいていた。

◆僕らの究極のクイズ大会

冬の足音が聞こえ始めた二〇一六年一一月二〇日、僕、吉村に、ついにその日がやってきた。

開成で開かれるクイズ大会「開成例会二〇一六」。関東のクイズ研究部が加盟するKQAの公式戦で、うちの高二は毎年、この大会を最後に、部を引退する。

おっ。じゃあ、今回は、僕とライバル、長崎の最終決戦か、と思った君‼

ブ、ブーッ。不正解。

KQAの例会ではホスト校の生徒は出場できない。僕と長崎の最後の仕事、それは究極のクイズ大会を主催することだ。

大会一カ月前、僕らはとてつもない決断を下した。

「次回の例会は早押しクイズのみとする――」

クイズ大会では、まずペーパークイズで出場者をふるいにかけ、その後、早押しクイズに移るのが常識。最初から早押しにすると、使用する問題数が膨れあがるからだが、僕も長崎もクイズの醍醐味《だいごみ》である早押しを出場者全員に楽しんでもらいたかった。

そんなわけで、僕らは〝クイズファクトリー〟と化した。約一〇〇人の出場者が一六組に

分かれて争う一回戦から、決勝まで合わせると必要な問題は一四〇〇。クイズ界では問題集に載っているものをそのまま使うのは「借問」と呼ばれるご法度《はっと》だ。教科書、辞書、百科事典などとにらめっこしながら、ひたすら問題を作り続けた。出来上がった問題も作成者以外の部員によって、答えが正しいかどうか、大会直前まで裏付け作業が進められた。

長崎が問題を読み上げる「問い読み」、僕が審判役の「正誤判定」を務めた開成例会は、早稲田高校の二年生の優勝で幕を閉じた。ペーパーの予選がない分、最初は力の差が如実に表れたけど、早押しで一喜一憂する参加者らの姿を見て、うん、苦労して良かった、と思った。

◆良きライバルがいればこそ

その日の夜、がらーんとした小講堂で引退式が始まった。

高二の最後のあいさつを下級生が正座して聞く伝統の儀式。

最終盤に回ってきた長崎と僕の言葉は、部員六〇人の胸に響いたにちがいない。

「楽しむには良きライバルを作ることが大切で、僕は吉村らに支えられてやってこれた」と長崎。続く僕も「モチベーションが下がった時、一番助けになったのが長崎。絶対に負けたくないと貪欲になれた」と本音を初めて打ち明けた。

二人のあいさつに感動の拍手が送られた引退式はその後、部長の島による二五分間の大演説で幕を閉じたのだった。


ピーン♪　ピンポーン♪

放課後の教室に響く、早押しの電子音。

いや、感動的な引退式の後で申し訳ない。実は年が明けた後も、僕と長崎は相変わらず部活に参加している。三月に開かれる学生クイズ王を決める大会「ａｂｃ」に出場するためだ。

大学生以下で争う学生クイズ界最高峰のこの大会で僕は昨年、決勝で敗れ去った。開成クイ研のエースとして、やっぱり負けたままでは終われない。そして、それは長崎もきっと同じ思いだろう。

脳と心を揺さぶる知の決闘。一度でも会心のウィニングアンサーを決めた〝知の勇者〟は、その底知れぬ快感から決して逃れることはできないのだ。

（二〇一七年一月一六日号〜二月三日号掲載）

II

壁を乗り越えて

逗子開成高　演劇部——男だらけの舞台で　（神奈川県）

汚れた部室によどんだ目の部員、周囲の同情を集めるとことんまでの弱小ぶり……。一昔前の青春部活マンガでよくみられた舞台設定だろう。

二〇一八年三月、俺たち逗子《ずし》開成高校演劇部もそんなド底辺に近い状態だった。

当時高一の俺、東山が次期部長として悩んでいたのは、「どうしたら勝てるか」ではなく、「どうしたらみんな練習してくれるか」。

まず練習が時間通りに始まることはほとんどない。練習中もスマホ片手に「ゲーム中だから、誰か代役立てといて」なんてことは日常茶飯事。気に入らないことがあると、すぐけんか腰になるヤツもいたし、誰かが少しでもやる気を見せれば「何あいつ、マジでやってんの？」なんて、陰口を叩《たた》かれる始末だった。

部活マンガならそんな時、熱血指導者が出てきたり、スーパールーキー（もしくは転校生）が入ってきたりするもんなんだけど、そんな都合のいいこと、そうそう起こるわけがない。

◆男の友情　まさかの空中分解

昔はこんなじゃなかった。中高一貫の男子校の男だらけの演劇部。全国レベルとまではいかないけど、はっちゃけた台本と固い友情に結ばれた息のあった演技で、学内のステージでは毎年ドカンドカンと笑いの渦を巻き起こしていた。

中一の時から、それが当たり前だった俺からすれば、ここまで落ちるとは想像もできなかった。

部が空中分解した直接のきっかけは、高一の秋の県大会で起きた大げんかだった。

上演を目前に控えた会場のロビー。「お前、もういいかげんにしろよ！」。突然、叫び声が上がったと思うと、演出の西野と役者の中井が取っ組み合いのケンカを始めていた。

小さなことの積み重ねだったらしい。中井からすれば、初めての演出で稽古をしっかり仕切れない西野へのイライラがあった。西野からすれば、演出である自分の意見に従わない中井への不満がたまっていた。それが、最悪のタイミングで爆発した。

もちろん、この日の出来は散々。何よりも最悪だったのはその後、みんながこの結果をそれぞれ他人《ひと》のせいにしてしまったこと。気づけば、一〇人の部員の心はバラバラになってい

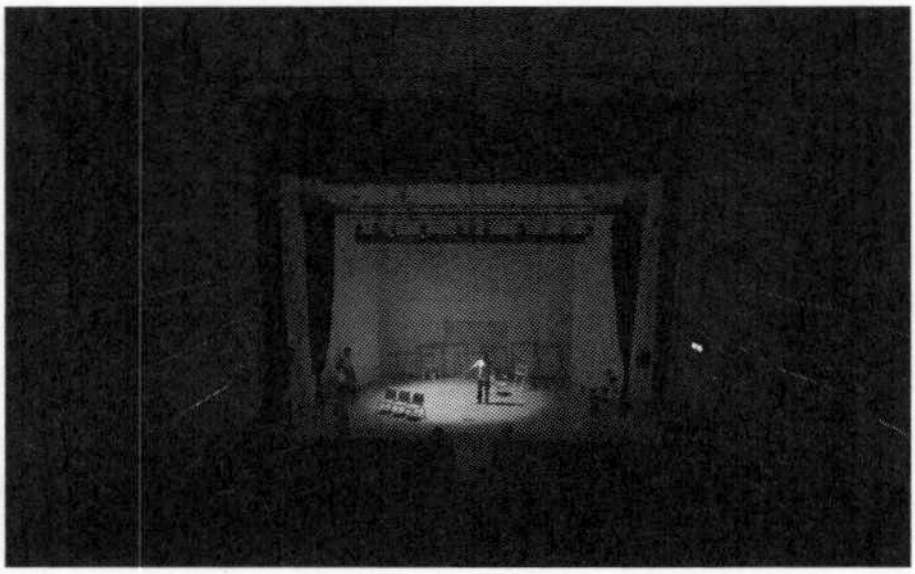

た。

　そんな状況だったから、その年の春、我が演劇部に入った新入部員が新高一の白田たった一人だったというのも頷《うなず》けた。しかも、白田はヨット部からの転部組で演劇はずぶの素人。俺の頭には廃部の二文字がよぎった。

　唯一の希望はコーチとして戻ってきた鳥沢先生の存在だった。中三の時までのコーチで、一度は県外の学校に転任したものの、再び戻ってきてくれた。本人も高校時代は演劇部だったらしく、とにかく芝居に熱い。

「全員が責任を放棄している。これじゃあ、劇は作れない」。先生は着任早々、演劇部の現状を見抜き、俺たちに厳しい言葉をぶつけた。

　そして、もう一人、意外過ぎるヤツがぶち切れた。「先輩、こんなんじゃダメでしょ。やめるのか本気でやるのか、はっきりしてくださいよ」。すごみの利いた声で意識改革を迫ってきたのはなんと白田だった。

事実は小説より奇なり。マンガのような話だけど、我が部にはその時、熱血指導者とスーパールーキー（？）が二人同時にやってきたのだ。そして、それはどん底にいた演劇部が日本一にまで上り詰める壮大なドラマの幕開けでもあった。

◆新入部員の大改革

「憲法を制定する！」
高一の新入部員・白田がまず言い放ったのは、部内にルールを作ることだった。
〈1〉部活中はスマホを使わない
〈2〉基礎練を始める時間は守る
〈3〉遅れる時は連絡する——など、どれも当たり前のことばかりだったが、〝部活崩壊〟状態にあった当時の俺たちには、それすらできていなかった。
「まぁ、いいんじゃやない？」。鼻息荒く訴える姿に気《け》おされて同意したが最後、白田は早速、稽古中にスマホをいじった高二の南からスマホを没収する強権を発動し、みんなを震え上がらせた。

会議も頻繁に招集された。部のグループＬＩＮＥに白田から「会議やりますよ！」の投稿があれば、全員集合。後に部内で「白田公会議」と呼ばれることになる鳥沢先生公認の会議だ。憲法を始め、あらゆる部の運営方針、ルールがこの会議で決まっていった。

白田はなぜそこまで熱くなれたのか。それは逗子開成に入学した中一の春にまでさかのぼる。

その年の新入生歓迎公演で、当時中二の俺らが演じたのは、今にもつぶれそうな高校の歴史研究部を舞台にしたドタバタ劇。ドカンドカンと笑いをとれたのを俺もよく覚えている。

白田も「演劇って面白い」と思ってくれた一人だったらしい。自分に限界を感じてヨット部を辞めたとき、まず思い浮かべた次の目標は、舞台で躍動する俺たちの姿だったという。ただ、そこで待っていたのは、想像していたキラキラした世界とはかけ離れたよどんだ空気と人間関係だった。

深い失望を感じていたある日、白田は部室の片隅でほこりをかぶっていた新入生歓迎公演の台本を見つけた。

自宅に持ち帰って読み返すと、不思議なことが起きた。ページをめくる度に、あの日の舞台で輝きを放った俺たちの姿が鮮明によみがえってきたという。

「もう一度、あの頃の演劇部を取り戻したい。いや、取り戻すんだ」

白田は演劇部改革を決意した。


厳しい規律を設けるだけでなく、白田は部員の獲得にも乗りだし、同級生を次々と演劇部に引きずり込んでいった。

そのうちの一人がクラスメート・山岡だ。なんでも白田が国語の教科書を忘れた時、教科書を見せてもらったのがきっかけで仲良くなったらしい。山岡によると、白田は何度も教科書を忘れ、そのたびに見せてあげていたという。

俺たちはそれを聞き、最初は「白田も意外とかわいいとこがある」なんて笑っていたが、今思えば、「教科書の忘れ物」すら計画的だったのかもしれない。

もちろん、入ってきたばかり（しかも、ヨット部からの転部組）の白田による改革に反発する声がなかったわけじゃない。一時期、「王様」「暴君」なんて呼んだヤツもいたが、絶対に折れない白田の断固たる姿勢に俺たちは自然とひかれていった。

誰もが心の底では思っていたのかもしれない。もう一度、あの頃の演劇部を取り戻したい
——って。

◆死者のケチャップ　勝負のオリジナル台本

新入部員・白田によるペレストロイカ（立て直し）で再スタートを切った我らが演劇部。次に新しい風を吹き込んだのはコーチの鳥沢先生だった。

それは二〇一八年の夏、秋の地区大会に向け、演目を話し合う会議でのこと。

「今年はこれでいきたい」

鳥沢先生は部員たちに一冊ずつ真新しい台本を配った。

タイトルは「ケチャップ・オブ・ザ・デッド」——日本語にすれば、死者のケチャップ。名前だけ見れば、なんのこっちゃという感じだが、先生が長年構想を温めてきたゾンビもののオリジナル台本だという。

筋書きはこうだ。

映画サークルに所属する三人組の大学生が、ホラー映画を撮影しに訪れた山中で本物のゾンビに遭遇する。最初はおびえた三人だが、ゾンビはなぜか撮影に協力的。次第に恐怖心がまひした三人は、撮影の都合に合わせてゾンビを縛ったり殴ったりしてしまう。そして、撮影が進む中で判明したゾンビの悲しい「過去」——。

男子校らしい勢いがあるギャグに、見る人の心にぐいぐい迫る強いメッセージ性。中学から演劇を続けてきた俺たちは、台本を読んですぐにその面白さを理解した。

高校演劇は、秋の地区大会、県大会を経て、翌年一月の関東大会、夏の全国大会へと進む。全国上位に入れば東京の国立劇場で演じる資格も得られ、その戦いは最長で一年ほどに及ぶ。

「この台本なら、上を目指せるかも」。みんなの目に輝きが戻ってきた。

配役はすぐ決まった。実はこの台本、もとからあった構想をベースに、先生が俺たちのキャラクターをイメージしながら書き上げる「当て書き」の手法で作られている。ゾンビ役は手足が長い中井、大学生三人組は俺と南、そして西野だった。

稽古が始まって気づいたのは、俺たちは「できる子」だったってこと。どん底状態が一年続いたとはいえ、中学時代はがっつり練習していたし、何よりもみな演劇を愛している。うまくいかなかったときも、それぞれが自分なりに演技について学び、考え続けてきたのだ。

南には、アドリブのセンスがあり、中井にはいるだけで観客の心を引きつける華があった。舞台監督の北出には舞台全体を見る視野の広さがあり、新入生ながら演出を務めるド素人の白田をさりげなくサポートしてくれた。

ただ、ケンカでできた溝はそう簡単に埋まるわけではない。稽古が始まっても、大学生役の西野だけは部活になかなか姿を見せなかった。

「雰囲気は最悪だし、ここで演技をやっても意味はない」。西野は当時、そう思っていたという。部員から「台本が決まった」と伝えられても、どうしても稽古に参加する気は起きなかった。

だけど、俺たちは待った。「ケチャップ・オブ・ザ・デッド」は当て書きで作られた世界に一つだけの台本。ヤツの役はヤツにしか務まらない。

西野が稽古に顔を出したのは地区大会を一カ月後に控えた九月のこと。

「やっぱりこれだ」。セリフあわせで満足そうにつぶやく西野を見て、俺は思った。そう。俺たちは「できる子」。一つになれば強い。

◆上を目指せ!!　基礎練千本ノック

高校演劇の戦いは地区大会↓県大会↓ブロック大会（俺たちなら関東大会）↓全国大会と進み、途中で脱落すればそこでおしまい。

これまでうちの最高成績は県大会。まずは関東大会出場が目標になったのだけど……。

「お前ら！　全然、声が出てないぞ!!」

部が一つにまとまった勢いそのままに地区大会を突破した直後、鳥沢先生は変わった。一言で言えば容赦なくなった。ようやく真面目に稽古するようになったとは言え、一年近くもまともに練習をしていなかった俺たち。演劇の基礎である発声すらおろそかになっていた。
地区大会はそれでもなんとか乗り切れたが、大きなホールで行われる県大会ではそうはいかない。というわけで、県大会までに課されたのは、発声と滑舌を鍛える基礎練〝千本ノック〟。おなじみの滑舌練習「アメンボ赤いな。あいうえお」からやり直すことになったのだ。
演劇の発声は腹式呼吸が基本で、全身を使う。この時期はホント、体育会系顔負けのハードな日々が続いたが、失われた時間を少しでも取り戻すには、遠回りしてでもやるしかない。
ちょっとキザな言い方をすれば、俺たちは腹をくったのだ。本気で勝ちに行くと。

「やっぱり先輩はすごい」

一カ月後の県大会。舞台袖で演技を見守りながら、演出の白田は胸を熱くさせていた。男子ならではのビリビリ伝わる野太い声量、絶妙のコンビネーションが生み出すテンポ良い展開、そして会場でドカンドカンと起きる笑いの渦。新入生歓迎会で白田が感動した演劇部の姿がそこにあった。

「先輩、すごかったっす」

「なんだよ、お前、急に。気持ち悪いな」

そんな軽口を交わしながら、待った結果発表——。

「最優秀賞　逗子開成高校‼」

初の関東大会進出を決めるコールにみなでハイタッチを交わしたものの、浮かれるものは誰もいない。「大学生三人の役の関係性がしっかり表現できていない」という審査員の厳しい講評の通り、ここまで俺たちが時間を費やしてきたのは、まず県を勝ち抜くための基礎練習。それぞれの役者が自分の役を突き詰める余地はまだまだあった。

三人の大学生とゾンビとの出会いを描く俺たちの演目「ケチャップ・オブ・ザ・デッド」は物語が進むうちに、ゾンビの悲しい過去が明らかになる。ゾンビの正体は人生に嫌気がさし、自殺した孤独な青年。もう一度、死にたいとさまよい続けている時、自分を殺してくれそうな大学生三人と出会ったのだった。

関東大会までの間、ゾンビ役の中井は「ゾンビの動きと人の孤独」について考え続けたという。大学生役の南は脚本を何度も読み直し、「人間の感情を動かす根源」に思いをはせた。同じく大学生役の西野は「自分の個性とは何だ」と自問自答し続けた。

そして、演出の白田と舞台監督の北出はクライマックスの演出を修正した。わさわさゾンビが登場し、まさにゾンビのパンデミック状態に‼

ぶっ飛んでると言えば、ぶっ飛んでるけど、これはそれぞれが自分の役割を突き詰める中で見つけた自分なりの突破口。関東大会で最高の演技を見せた俺たちは、創部初の全国切符をつかんだのだった。

◆リベンジ誓う　コーチの過去

七月下旬、佐賀県で開かれた「第四三回全国高等学校総合文化祭　2019さが総文」の演劇部門。俺たちの出番を目前にし、コーチの鳥沢先生は「ケチャップ・オブ・ザ・デッド」の台本をぎゅっと握りしめた。

いよいよ始まる。二度目の挑戦が――。

話は九年前にさかのぼる。

二〇一〇年一二月下旬、彼はやり場のない悔しさに一人震えていた。全国大会への切符をかけて福島市で開かれた東北大会。彼が主演・演出を務めた山形東高校演劇部はまさかの敗退を喫した。

完璧な演技だったはずだ。

演目は、坂口安吾《さかぐちあんご》の傑作「桜の森の満開の下」。山で旅人を襲っては、気に入った女性を妻にしていた山賊が、自分以上に猟奇的で妖しい美女に出会い、狂い破滅していく物語だ。

高校演劇でよくある青春の葛藤とは無縁だが、安吾文学の狂気に満ちた美しさをとことん追求できたはずだ。

なぜ自分たちの表現が理解されないのか。その日、彼――コーチの鳥沢先生は心に誓った。

「いつの日か、審査員全員がぐうの音も出ない作品を作る」

執念のリベンジが始まった。

まずは志望校を文系の難関大学から美術系の大学に変えた。無事合格すると、演劇評論家のもとで「表現とは何か」について学び、卒業後はまっすぐに高校教師として高校演劇の道へ。

周囲からは「もったいない」と言われたが、高校演劇は一人芝居から大人数のミュージカルまで様々なジャンルで競う異種格闘技のような世界。「ここで最高の演劇を作り、あの時の借りを返したい」と思った。

卒業後、逗子開成に着任し、演劇部のコーチになって驚いた。当時、中三だった俺や中井、西野、南、北出……。舞台や映画が大好きで、それでいてビンビン心に伝わる粗削りな個性を持ったやつらがたくさんいた。

だから、一度、地元・山形の高校に転任して戻ってきた後、ガタガタになった演劇部を目の当たりにしても、彼は決して諦めることはなかった。

そして書き上げたのが「ケチャップ・オブ・ザ・デッド」だ。

九年前と同じ。高校生の等身大の悩みや分かりやすさとは無縁。それでもいい作品は人の心を動かすはずだし、このメンバーなら演じ切れる。そう信じて、全てを託してくれた。

◆俺たちが見た奇跡の結末

幕が下りた後も続いたその日の万雷の拍手を、俺は一生、忘れることはないだろう。

全てを出し切った俺たちはその日、これまでにない高揚感と心地よい疲労感に満たされ、ハイタッチを繰り返した。

初めて挑んだ全国の舞台。やれることはすべてやった。

その後の表彰式。歓喜の声やすすり泣きが交錯する会場で、最後に読み上げられたのは俺たちの作品だった。

「最優秀賞　ケチャップ・オブ・ザ・デッド‼」

全国初出場の男だけの演劇部が高校演劇の頂点に立つ歴史的快挙。我を忘れて抱き合う俺たちの姿を鳥沢先生はただ笑顔で見つめていた。

三人の大学生と一体のゾンビの出会いで始まる物語は、生きる意味を見失い、歩きさまようゾンビで街があふれかえるシーンで終わる。

ゾンビが意味するものは人の心に潜む孤独そのもの。この二年、悩み抜いた俺たちだからこそ、伝えられたメッセージがあったんじゃないかと思う。

このとき、この場所で、このメンバーがいたからこそ生まれた「ケチャップ・オブ・ザ・デッド」。それは「生きる」が生み出した奇跡の作品だった。

（二〇一九年一一月一五日号～一二月一三日号掲載）

帝京安積高　吹奏楽部――ステップは止めないで　（福島県）

「ヴォーーーーッ」

放課後の廊下に重厚な振動が響き渡る。

「もっと高く」「それじゃあ、高すぎ」。サックスを持った生徒たちの真ん中で、パートリーダーで三年のアユミは細かくチューニングの指示を出した。

みな首にはぐるぐる巻きのマフラー。冬の学校の廊下はやっぱり冷える。

高校生活最後の演奏会に向け、本当は自分たちの汗と涙が染みこむ多目的ホールで練習をしたかったけど、残念ながら、それは叶《かな》わぬ願いになりそうだ。まさか自分たちがあんな試練に見舞われることになるなんて、夢にも思っていなかった。

◆心と音が一体に　チョー気持ちいい!!

中学の吹奏楽部でサックスを始めたアユミにとって、帝京安積《あさか》高校吹奏楽部は憧れの存在だった。

きっかけは中学三年の時に参加した合同練習。先輩たちの演奏テクニックに感激したのはもちろんだけど、特に衝撃を覚えたのは顧問の菊田肇《はじめ》先生の存在だ。

「ここのパートではふるさとの自然を表現してみよう」「音をまっすぐ前に飛ばすんだ」

えっ⁉ これまで聞いたことがない表現にアユミは面食らった。

中学の吹奏楽部では「ここはクレッシェンドで大きく」とか「テンポをもっとゆっくり」とか、音楽用語で説明されるのが当たり前。でも、この先生、音のイメージを表す独自の形容詞を持っているらしい。

う〜ん。ふるさとの自然？ 音を前に？ 頭と体と心をフル回転させて必死についていく。

すると不思議なことが起きた。

練習終盤の合奏、まわりの高校生の奏でる音に次第に自分たちの音がシンクロしていき……。気付けば全員の心と音が一つになっていた。

チョー気持ちいい‼

合同練習を終えた後も、しばらく心の高ぶりが収まることはなく、ついには居ても立ってもいられなくなった。

「この学校で練習して、もっと上手《うま》くなりたい」。中三の冬、アユミは吹奏楽で推薦試験を

受け、無事、合格通知を受け取った。

福島県郡山市にある帝京安積高校は実家から離れた所にあったため、アユミは高校から徒歩三分（‼）の所に住む祖父の家に居候させてもらうことにした。

そして入学直後、その選択は大正解だったことが分かる。

「マーチング、きつっ‼」

吹奏楽部は体育会系並みにきついというのは周知の事実（？）だが、アユミの入学する前年から帝京安積が挑戦していたマーチングはそれに輪をかけて辛い。

整列した状態で会場を歩きながら演奏するマーチングではまず、いすに座って演奏するよりも肺活量が求められる。重い楽器を上下左右に振ることもあるので、筋力も必要だ。そしてもちろん、演奏のテクニックも……。

で、どんな練習をするかと言うと、基本は三段階に分かれる。

〈1〉楽器なしでリズムに合わせて、ステップを踏みながらフォーメーション通り歩く。

〈2〉〈1〉の動きを、楽器を持ってやる。ただし音は出さない。

〈3〉〈2〉を、音を出してやる。

歩くと言っても、マーチングの動きはほぼ速足状態なので正直、〈1〉だけでも相当辛い。練習を終えた時にはホントぐったりで、もし家がもっと遠かったら……なんて想像するとゾッとする。

かくして吹奏楽に全てを注ぐアユミの三年間は始まった。

◆先生の言葉の意味

二〇一七年秋、岩手県奥州市の体育館。帝京安積高校吹奏楽部のメンバーは喜びを爆発させていた。

わずか二枠の全国大会出場権をかけたマーチングの東北大会で、県勢として初めて上位二校に入ったのだ。挑戦二年目での大躍進。しかも全国大会の会場が、あの超有名な大阪城ホールだというから、興奮しないわけがない。

どんなすごいステージで演奏できるんだろう‼　入部半年で、なんとか一糸乱れぬ高速歩行についていけるようになったアユミは胸の高鳴りを感じていた。

全国大会までの約一カ月、部を取り巻く環境は変わった。練習はハードになったし、新聞にもど～んと大きく特集記事が載ったりして、ちょっとした強豪校っぽい雰囲気になった。

ただ、顧問の菊田先生には何か特別な思いがあったのかもしれない。音楽ができる喜びについて語ることが多くなった。

アユミにとって帝京安積の吹奏楽部は中学のときからの憧れだったが、入学して初めて知ったことがたくさんある。

独特の表現力を持つ菊田先生が実は国語の先生だった（!!）ということ、吹奏楽部はその菊田先生が二〇〇〇年に赴任した後、一から設立したこと、最初は予算がなくて借り物の楽器で練習していたこと……。

「みんなは恵まれている」

県の吹奏楽コンクールでは金賞の常連校になり、マーチングで初の全国を決めた当時の環境について、菊田先生はよくそう話していた。全国大会のことで頭がいっぱいだったアユミはその時、先生の言葉の意味を深く考えることはなかったけれど。

◆自信から失意へ

快挙を成し遂げたとは言え、吹奏楽部の予算は限られている。大阪にはバスで約九時間ゆられての遠征となった。

それでも、前日練習で大阪城ホールに到着した瞬間、「マジか‼」。体の痛さなんてどこかに吹き飛ぶぐらいアユミのテンションは爆上げした。

大きさは想像以上。観客席は前にも後ろにも左右にもある。おそるおそるサックスを鳴らしてみると、会場が広すぎて頼りない音にしか聞こえない。全国で求められるレベルの高さを思い知らされた。

あまりの緊張で、アユミには本番六分間の記憶がほとんど残っていない。結果も一番下の銅賞だった。ただ、あの会場で最後まで演じきったことは自分にとっても部にとっても大きな自信になった。

いっぱい練習して、来年は、もっと上を狙う‼

アユミたちはリベンジを誓って、大阪を去った。

それから約一年。吹奏楽部は失意のどん底にいた。

仙台市で開かれた東北大会。なんとか金賞はとれたものの、全国に進める上位二枠には入れなかった。言葉は悪いが、吹奏楽あるあるでいういわゆる「ダメ金」ってヤツだ。

最後のコンテストを終え、涙を流す先輩たちに、アユミはかける言葉が見つからなかった。みんな限界に近いぐらい自分を追い込んで練習してきたはずだ。周囲も期待を込めて、これまで以上にサポートをしてくれた。何が足りなかったのか。

悔しさと混乱でアユミは頭の中が真っ白になった。だから、菊田先生がその後も口癖のように言い続けたあの言葉について深く考える余裕もなかった。

「みんなは恵まれている」

◆最後の全国　愛用のアルトで

夏のギラギラとした日差しを浴びるとアユミは「マーチングの季節が来た」と思う。吹奏楽コンクールが終わり、秋のマーチングコンテストに向けた練習が本格化するからだ。

最上級生として臨む高校最後の大会。真新しい楽譜を手にアユミは胸の高鳴りを感じていた。

世界的パフォーマンス集団「シルク・ドゥ・ソレイユ」を描いた映画のテーマ曲「ジャー

ニー・オブ・マン」。コンテスト用に三部構成六分弱に編曲されているが、とにかくいちいちカッコいい。

近未来的で壮大なパート1、伸びやかで厳かなパート2、そして、アップテンポで、勢いよくクライマックスに突入するパート3。初めて聴いたとき、アユミは「あの大阪城ホールで絶対に演奏したい‼」と思った。

二〇一九年一〇月六日、秋田市で開かれた東北大会。吹奏楽部は二年ぶりに全国大会への切符をつかんだ。

東北大会の後、サックスのパートリーダーになっていたアユミは顧問の菊田先生に思い切って一つの相談を持ちかけた。

「全国大会、アルトサックスで出場してもいいでしょうか」

中学一年の時からサックスを始めたアユミはソプラノとアルトの二種類のサックスを使いこなす。大会で使う楽器は曲調や全体のバランスを見て、菊田先生が決め、東北大会ではソプラノサックスを担当していた。

全国でアルトが吹きたいと言ったのは、やっぱり自分はアルトの深みのある音が好きだと気付いたから。最後の大会は中二の時に買ってもらった愛用のアルトと一緒に出たいと思った。

大会前にはあり得ないむちゃな申し出。でも、菊田先生はアユミの気持ちを察してくれたのか、ちょっと思案した後、「いいと思うよ」と言ってくれた。

全国大会まで一カ月。前回を超える銀賞以上を目標に、猛練習が始まった。ところが……。

◆多目的ホールを襲った悲劇

ドンドン！　ドンドンドン！

二〇一九年一〇月一三日未明、下宿先の祖父の家に激しい物音が響き、アユミは目を覚ました。誰かが玄関のドアを叩《たた》いているようだ。

前日の一二日は台風一九号が関東に上陸するとテレビで朝から大騒ぎしていた。吹奏楽部の練習も中止になり、祖父と二人で暮らすアユミを心配して、母親も泊まりに来てくれていた。

夜になってもそこまで雨は激しくなかったので、「どうやら、大丈夫そう」と思い、床についたのだが、玄関を開けたアユミは思わず言葉を失った。

玄関のすぐ先まで泥水が迫り、周囲の家の人たちが次々と避難を始めている。

「川があふれたぞ！」

「早く逃げろ‼」

男たちの叫び声にも似た呼びかけが真っ暗な夜に響く。アユミもすぐさま、制服をリュックサックに突っ込んで、母、祖父と避難を始めた。

一番近い避難先はいつも通っている帝京安積高校。普段は徒歩三分の距離だが、祖父の手をとり、塊になって流れてくる水をかき分けながら進んでいくと何倍もの距離に感じた。

やっとの思いで体育館に辿《たど》りついた時には、靴もズボンもずぶぬれになっていた。疲れと安心感でぐったりと床にへたり込んだアユミは、ふと我に返った。

私のアルトサックスは？

最後の大会に共に臨む大切な相棒。それはもう浸水が始まりつつある学校の多目的ホールに置いてあった。


校舎の水が引き、アユミがアルトサックスと再会できたのは、避難から四日後、一〇月一七日のことだった。

サックスが置いてあった多目的ホールは一階にある。足を踏み入れると床は泥まみれ、壁の高さ一メートルあたりのところに浸水の痕がくっきり残っていた。片隅にあった愛器のケースを開け、タオルで丁寧に泥水を拭き取る。恐る恐る吹いてみたが、「ヴォ」と、かすれた鈍い音が出るだけだった。

助けてあげられなくて、ごめん……。アユミはその場に立ちつくした。

学校に避難したあの日、アユミは一人で楽器を救おうとした。ズボンをまくり上げ、校舎に入り込んできた泥水をかき分け、多目的ホールに向かう。「あと少し」。そう思った瞬間だった。突然、学校が停電し、周りは真っ暗闇に。それでも先に進もうとしたが、「何より命が大切！」という母の叫びで我に返った。祈ることしかできなかった自分が悔しくて悲しかった。

◆練習再開　そこでわかったこと

学校はしばらく休みになった。それでも、吹奏楽部の部員は毎日、学校にやってきた。楽器を少しずつホールから運び出し、泥を取り、乾かす。手が空いた者は近くの家を回り、ボランティア活動にあたった。

祖父の家が浸水したアユミは学校に近い別の親戚の家に下宿することにした。休み中は、修理に出すことになった愛器の代わりに、学校から借りたアルトサックスで自主練を続けた。被災から一週間たった頃、まだ心も生活も落ち着いていないはずなのに、アユミは急にみんなと演奏がしたくなった。

顧問の菊田先生から提案があったのはちょうどその頃のことだ。「来られる人だけでも練習を始めませんか」

場所は学校から三〇キロメートルも離れた体育館。会場に着いて驚いた。約五〇人の部員誰一人欠けることなく集まっていた。

「ワン、トゥー、ワン、トゥ、スリー‼」

かけ声とともに、一週間ぶりの演奏が始まる。仲間の息づかいを感じて動く高速歩行、体の芯までズンズンと伝わる振動……。自然と心が無になり、全員の音が一つにまとまっていく。

よく考えると、部活が一週間も休みになったのは、入学以来、初めてかもしれない。アユミは思わず胸を熱くした。

そう。私はこの喜びを味わうために、ここにいる。

◆音楽ができる喜びを忘れない

全国大会を二日後に控えた一一月二二日。学校に集まった部員たちは、バスに次々と自分の楽器を運び込んだ。

アユミが持っていたのは、借り物のサックス。自分のアルトの修理が間に合えばいいな、と思っていたけれど仕方ない。それでも満足だった。

多目的ホールは今も使えない。楽器もダメになった。だけど、そうなって初めて気づいた。

「私たちは恵まれている」

本番では、音楽ができる喜びと感謝を精いっぱい表現しようと心に決めていた。

迎えた大阪城ホールでの前日練習。アユミの目の前には見覚えのある楽器ケースが置かれていた。

「もしかして……」

開けるとピカピカになったアユミのアルトサックスが入っていた。出発直前に修理が終わり、会場に届けられたのだった。

一一月二四日。マーチング全国大会の当日、アユミは修理されて届いたばかりのアルトサ

ックスを抱え、会場の大阪城ホールに足を踏み入れた。

緊張で頭の中が真っ白になった二年前とは違う。澄みきった気持ちってこんな感覚なのかもしれない。頭はすっきりとしているのに、手に持つ愛器の確かな重みがほんのり心を熱くする。

チューニング中もリハーサル中も笑顔が絶えない。どうやら、ほかのメンバーもみな同じ気持ちのようだ。

「みんな、ちょっといいかな」

リハが一段落した時、顧問の菊田先生がみんなを集めた。

「三年生は、これが最後の大会です」。穏やかな表情で切り出した先生。いつも以上に熱い言葉でアユミたちを送り出した。

「この会場で演奏した経験は将来、君たちがしんどい思いをしたときに必ず支えになる。だから、あっという間に過ぎる六分間。一分一秒、いろんな風景を、頭と心に刻んできてほしい」
はいっ！　みんなの声と心がシンクロした。

◆忘れられない六分間

あの日の大阪城ホールの緑のステージ。アユミは一生、忘れることはないだろう。先生が言う通り、そこには自分たちだからこそ見える風景があった。

応援に駆けつけてくれた家族や一緒に演奏する仲間たちはどこまでも笑顔だった。菊田先生は会場の端で今にも泣き出しそうな表情で、私たちが奏でる「ジャーニー・オブ・マン」を聴いている。

台風被害にあったこの一カ月半、高校に入ってからの二年半、そして生まれてから今の今まで……。人生の旅ってホント想定外の出来事の連続だけど、一つだけ言える確かなことがある。

私はたくさんの人に愛され、支えられている。

アユミは一つ一つの音に感謝の気持ちを乗せ、愛器を奏でた。

結果は二年前と同じ銅賞だったけど、あの日の演奏は間違いなく、これまでで一番の出来だったとアユミは思う。

みんな、ありがとう——。生まれて初めて、心の底からそう思えたのだから。


アルトサックスは六〇〇にも及ぶ部品で出来ている。ずいぶん長く慣れ親しんでいる楽器だけど、浸水被害に遭って、アユミは改めて部品の多さに驚かされた。

自分のアルトの状況を知りたくて、全国大会の前、楽器専門店で修理途中の愛器を見せてもらったのだ。キイやレバーなどの部品がすべて丁寧に取り外され、完全にバラバラになった私のアルト。本当に元通りになるのかな、って不安も生まれたけど、同時に、こんなたくさんの部品が組み合わさって生まれる音って、ある意味、奇跡みたいな存在だと思った。

何かを支え、何かに支えられ。人間関係だけじゃなく、何げなく過ぎていく日常そのものも実は、すごく複雑な支え合いの上にできているのかもしれない。

私たちは恵まれている。

改めてそう思った。

アユミは卒業後、上京して楽器修理の専門学校に進学する。修理の専門家「リペア」になるためだ。以前から目指していたものだけど、この秋の全国大会を経て、早くリペアの技術を学びたいという気持ちがどんどん強くなってきた。
音楽を奏でられる奇跡と幸せ。みんなに感じてほしいと思うから。
（二〇一九年一二月二〇日号～二〇二〇年一月一七日号掲載）

所沢高　文芸部――五七五の世界　（埼玉県）

夕焼けが窓ガラスを圧倒する九月の放課後。いつも集まる校舎の一室で私たち五人は一枚の短冊とにらめっこしていた。

ひとり画用紙の上の花野をゆく

女子力滲《にじ》むかわいらしい丸文字。心の中で何度も口ずさみ、私はその一四文字が描き出す世界に身を委ねた。

主人公は誰だろう。赤やピンクや紫の草花が散らばる野原を描く少女？　いや、もしかしたら、美しい野原の絵を見て、その中を駆け回る自分を想像している男の子かもしれない。いずれにせよ、一読して浮かぶ鮮やかな色彩は、主人公の孤独感をほのかに映し出す。

思案顔のみんなを一瞬の静寂が包む。よしっ、私が行こう。

「五七五におさまっていないところが、寂しさをひきたてて良いと思う。でも、『ひとり』って、なんか寂しさを強調しすぎてるみたいでいやらしい感じがしない？」

「やっぱ、ワカバもそう思った？　でもあんまり寂しい雰囲気もイヤだなあって思って、漢字で『独り』とは書かなかったんだけどなぁ」

作者であるニジが半分同調しながらも反論した。

ふ〜む。なるほど。でも、どうすればこの作品はもっと良くなるか。あっ、これだ‼

「ふたり、だとロマンチックじゃない？」

「あーそれ、いい」

ニジを含め、みんながうなずく。

ふたり画用紙の上の花野をゆく

三文字変わるだけで、この違い‼　なんだかカラフルな花の野原に閉じこめられた恋人同士みたいでしょ☆　この後、この「ふたり」は一体、どんな関係なのか、ひとしきり女子トークに花を咲かせた私たち。あんなに赤かった夕焼けがいつの間にか闇に消えたのに気づき、私は改めて思った。

やっぱ、俳句って面白い。

私たち五人は所沢高校文芸部の中でも俳句が専門。活動の中心はもちろん俳句を作ることだけど、作品を披露して、はい、オシマイ、というわけではない。こうやって自分たちの俳句について感想を言い合うところまでが部活だ。

三人寄れば文殊の知恵、じゃないけど、みんなで作品について議論していると、時には作者も気がつかなかったその句の良さを発見できたり、もっと面白い句にする革命的発想が出てきたりするのだ。

えっ、ロマンチックな作品に仕上がったのは良いけど、そもそもこの俳句の季語は何だ、って？

いい質問！　俳句にはなじみがないって人のために説明すると、この句の季語は「花野」。草花が色とりどりの花をつけた野原を表す秋の季語だ。秋の野原、みんなはどんな情景を思い浮かべる？

まぁ、今でこそ「そんなことは知ってて当たり前」という感じだけど、私たちだって頑張って俳句の勉強してきたんだよね。なにせ、ニジを含め、私以外の四人は、一年前はまるっきりの俳句初心者。私が必死にお願いして入部してもらった大切な仲間なのだ。

私にはどうしてもあと四人の仲間が必要だった。最後の夏、あの憧れの舞台、俳句甲子園にもう一度、挑戦するために。

◆先生に　褒められ目指す　天下とり

自分で言うのもなんだけど、私は褒められて伸びる子だと思う。俳句の世界にのめり込んだのも、はっきり言えば、えらく褒められたからだ。

「面白い！」「感性鋭い‼」「それいいね‼」

入学してから間もない国語の時間でのことだった。俳句を作る、って授業だったんだけど、なぜか私の作品が先生の心をわしづかみにしたらしい。自分でもちょっとひくぐらいの熱量で褒めたたえられた。

その人は山村澄人先生。文芸部の副顧問で、おじいちゃんやおばあちゃんにまじって本格的に俳句を習っているらしい。

ただの授業なのに、何でこんなに褒めてくれたのかなぁ、って最初は不思議だったけど、このおじさん、言葉の力で私の心にすうっと入ってきた。

「俳句は面白いぞ」「センスあるって」……教室や廊下で出会う度にちょこちょこ声をかけられた私。最後は先生が作ったチラシの言葉で心に火を付けられた。

「俳句で天下を取ってみないか」

「とるよ‼　私、天下とる‼」

私はそのまま山村先生のもとへ走った。

◆サッカー部　四人は俳句も　つくります

天下、ってちょっと大げさかもしれないけど、私たちがめざすのは、俳句甲子園。正岡子規や高浜虚子ら俳句の神様を生んだ愛媛県松山市で毎年夏に開かれる全国大会だ。

俳句甲子園ってのは、一言で言えば、俳句を使った言葉のバトル。一チーム五人で、対戦相手と交互に俳句を披露しあい、それぞれの作品について「ディベート」を行う。勝敗は、作品と議論の内容で決まり、丁々発止のやりとりは、ショーのような感覚で、全国大会の会場は毎年、大勢のファンで埋め尽くされる。

そんなこんなで、文芸部に翌年の大会をめざす俳句チームが結成されたのは一年の秋。なぜこの五人なのか。その真相は山村先生しか知らないが、メンバーは……私＋サッカー部の男子四人（‼）だった。

二年の夏、初めて挑戦した俳句甲子園は、何だろう。うん、ほろ苦いってこういうことなんだな、って体験だった。

私はまさに俳句の〝千本ノック〟って感じで、俳句漬けの毎日を送ってきたし、サッカー部と兼部する四人も練習の空き時間を使って、眠い目をこすりながら頑張って俳句を作ってきた。

迎えた地方予選当日は、五人とも黒Tシャツにデニム生地のズボンで統一。私なんか生まれて初めて赤に染めた髪で、気合満点‼　だったんだけど……

「この俳句は単なる季語の説明に終わっています」

「えっ、でも……」

「独創性がないのでは？」

「えっ…………」

「もっと伝わりやすい書き方があったんじゃないですか」

「…………」

ディベートでこちらの俳句の弱点を容赦なく指摘され、なんて言い返せばいいか分からなくて押し黙る。その繰り返し。時間が水あめみたいに重くて、舞台の上で泣きたくなった。

結局、私たちはそのまま地方予選で敗退。練習ではみんなもっとしゃべれていたはずなのに……。私は目を髪の毛の色より真っ赤にし、会場を去った。

「絶対このままでは終わらせない‼」。屈辱的な敗退に、最初は私も鼻息を荒くしていたけれど、一緒に出たサッカー部の男子四人はあれ以降、一度も姿を見せなかった。やっぱり最後の年はサッカーに専念したいらしい。

文芸部の俳句チームは、私ひとりになった。

初めて出た俳句甲子園は正直、ちょっと怖かった。

我が子のように愛おしい作品の弱点を攻め立てられる恐怖。「違うのに」と思いながらも反論が出てこない苛立ち……。てか、そもそも私は俳句が好きなだけで、ディベートが好きなわけではない。

「私、何をめざしてるんだろ」。弱気の虫が顔をのぞかせた。

◆師匠との　出会いに奮い　立つ私

二年の夏休みが終わり、ひとりぼっちで俳句を詠み続ける私の気持ちは、ますますブルーになった。まわりが急に卒業後の進路を考える雰囲気になったのも大きい。

ため息。ため息。ため息。なんか学生生活全般、身が入らないっすわ。

そんな私をよーく見ていたのは、やっぱり文芸部の副顧問・山村先生だった。

「お前、不良を目指すのならこんな不良になれ」と、一冊の本を渡された。それが、運命の出会いだった。

太陽にぶん殴られてあつたけえ

その本――北大路翼さんって俳人の句集『天使の涎《よだれ》』は、俳句なのに、お行儀の良さとか、美しい言葉遣いとかはほぼ皆無。誰にもこびず、自分の心をどストレートに詠んだ作品のオンパレードだった。

「あつたけえ」って何⁉　古文みたいに「あたたかし」って書かなくていいの？　あっけにとられたけれど、太陽にぶん殴られるって言い方、実は切ない。何これ、俳句って、こんなこと書けるんだ。

こんな作品、私も詠みたい‼　消えかけていた俳句への情熱が一気によみがえった。

とまぁ、普通ならここから、仲間を集めて頑張る、って展開になるんだけど、私の場合はさらにスペシャルな出会いが待っていた。

その年の冬、私があまりにも〝北大路さんリスペクト〟を強調するから、山村先生が「そんなに好きなら会いに行くか」と、本人に連絡をとってくれ、会いに行くことになったのだ。

北大路さんは自分が経営する新宿のアートサロンで開かれた句会に私を招待してくれた。

憧れの人を前に最初は緊張したけど、みんなすごくざっくばらんで優しくて、初めて会ったとは思えないぐらい、うち解けることができた。

そして年が明けた一月、意を決した私はひとり、北大路さんのアートサロンを訪ね、頭を下げた。

「俳句甲子園に向けて俳句を指導してください！」

突然の申し出に最初はきょとんとしていた北大路さん。でもすぐにいたずらっ子のような笑顔を見せて、言った。

「いいよ。でも、メンバーをちゃんと、集めてくれるならね」

◆メンバーを　集めたけれど　また別れ

冬休み明けの放課後、私は同級生のシズクと一緒に、文芸部の山村先生をつかまえて、なし崩し的に作戦会議を始めた。

議題は「誰を俳句甲子園のメンバーに誘うか」

「読書好きなら俳句も好きだろう。ワカバ、後輩で探してみてくれ」

「聞いてみる」

「あと、ホタルは授業でいい俳句作ってた。俺が声をかけるよりお前らが行った方が効果あると思うぞ」

「じゃあ、シズク、一緒に行ってみようか」

「分かった」

紹介が遅れたけれど、シズクっていうのは、私が誘い入れた記念すべきメンバー第一号。

もともと短歌が趣味で、性格的にもウマがあったので、二学期の四カ月間をかけて口説き落としたのだ。

山村先生の情報をもとに、手分けして一〇人くらいに声をかけた私たち。でも、二年の三学期と言えば、そろそろ受験も意識し始める頃で、勧誘作業はホント難航した。なので、最後の方はほとんど気合という名の開き直り。山村先生が推薦したホタルの時なんかもそうだった。

「あんまりキョーミないんだよねぇ」

申し訳なさそうに、ずばっと核心を突いてきたホタル。ぐっ、……一瞬ひるんだが、私とシズクは必死に食い下がった。

「どうしてもイヤ、っていうのじゃなかったらお願い！」

「後悔しないし！　たぶん」

「たぶん、って」

「いや、ごめん。でも、きっと楽しいって。たぶん」

「もう……そんなに言うならやってみようかな」

「うそ!?　ほんといいの？」

「じゃあ、断っていいの？」

「それはだめ。ありがとう！」

そんなこんなで一カ月かけて五人のメンバーをそろえた俳句チーム。ほとんどが俳句初体験のメンバーだけど、大丈夫、私たちには、北大路翼さんという強い味方がいる。

忙しくてなかなか学校に来られない北大路さんに、山村先生が毎日メンバーの俳句を集めてメールで送ってくれた。

「これじゃ俳句じゃなくて標語だよ」

「これいいよ、今日イチだね」

北大路さんの熱い指導の言葉が山村先生を通じて伝わってくる。くぅ〜、なんて幸せな俳句生活☆　あとは本番に向けて、ひたすら俳句を作るのみ‼　そう思っていたのだけど……。

「残念ながら旅に出ることになりました」

そんな奇妙な連絡が山村先生から入ったのは春休み中のこと。うわさでは聞いていた。でも、信じたくなくて、これまで本人にはあえて聞かないでいた。

そう、異動だ。

年度末で別の学校に行ってしまうという。なぜこのタイミング……。せめて夏の俳句甲子園、見守ってほしかったのに。

四月の離任式で会った山村先生はすごく寂しそうな顔をしていた。「ワカバは間違いなくこれまでの教え子の中でも一番俳句を作っている。ワカバならやれる。後は任せた」。相変わらず熱い言葉で励ましてくれる山村先生に、私はうなずいた。

俳句を書き留めているノートをぱらぱらと見返した。今見ると大した句じゃないのに、先生が褒めてくれたのばっかりだ。あー、こっから先はそれがないんだな。「大丈夫、ワカバならやれる」。心の中で山村先生の声が聞こえる。そういえば、このノートも先生からもらったものだった。

◆大会の　記憶はきっと　忘れない

六月、ついに私の三年間の集大成――俳句甲子園地方大会がやってきた。

私たちを見つめる会場の視線、チョー気持ちよかった。金髪や青いメッシュの髪、色違いのおそろのワンピース。うちの学校には服装に関する校則がない分、思いっきりカワイイ衣装にしてやったのだ。

でも、それは私たちなりの覚悟の表れでもある。だって、見た目が派手なほど、負けたと

きみじめだから。

会場には「応援団」も駆けつけてくれた。異動した山村先生、北大路さん、北大路さんの仲間たち。それから、校長先生まで（！）。やばい、なんかこれだけで私、おなかいっぱいかも。試合前なのに涙が出そうで困った。

地方大会は埼玉、千葉、茨城県の四チームによるリーグ戦で行われ、優勝チームが全国大会への切符をつかむ。各試合は、大会前に与えられたお題をもとに作った三句ずつで争われ、二句を先に取れば、勝利だ。

この大会、惨敗に終わった昨年がウソのように私たちは快進撃を見せた。最初の二試合で相手をストレート（二句連続勝利）で下す快勝！　客席からの「いいぞ！」の声にも力が入る。

そして迎えた最終戦。相手の茨城県立結城第二高校は私たちと同じく、二勝〇敗。つまり、この試合の勝者が優勝だ。

試合前、「立夏」をテーマにした三句のオーダーを提出する。散々悩んだが、一本目をアヤメ、二本目をニジ、そして最後の三本目を私が詠んだ句にした。

さすがにここは一筋縄ではいかなかった。一本目の「夏立ちてまだ聞かれない誕生日」は、新学期が始まったばかりの高校生の気持ちを詠んだいい句だったけど、惜しくも敗れた。後がない二本目。ニジの作品は「夏立ちて白きもの増す都心かな」

相手チームが即座に質問をぶつけてくる。

「白きもの、って何ですか」

「白いシャツとか、太陽の光とかいろんなものです」

「もっと具体的に言った方が良かったのでは」

「全体的に白い、という意味であえて抽象的にしています」

今思えば、焦っていたのかも。「白という色に生々しい感覚が表れている」とか、練習ではもっと説得力のある説明ができていたはずだった。

「判定!」

五人の審査員が勝ち負けを示す旗を上げる。一、二……私たちに旗をあげていたのは二人だけ。喜びを爆発させる相手が視界の隅に入った。あと一本、なんであと一本、こっちに……！

「全国に一緒に行ってあげられなくて、ごめん」。シズクが涙声でつぶやく。私はぶんぶん首を振った。「一緒に出てくれただけで……」。そこから先は、言葉にならなかった。

「立夏待つばかりの腕になりにけり」

全国への夢をかけるはずだった私の最後の句。半袖姿で夏を待ちわびる気持ちを詠んだ句だけど、私が望んだ夏は最後まで訪れることはなかった。この悔しさはきっと、私の心から消えることはないだろう。

だけど、私は俳句を続けるつもり。今はまだ消化しきれないけど、いつかこの悔しさも俳句にしたいと思っているから。もちろん、シズクたちや北大路さん、山村先生と一緒にね。

（二〇一七年一〇月六日号～一一月三日号掲載）

大曲高　書道部――情熱の筆さばき（秋田県）

心落ち着けて墨をすり、正座をして、そっと筆をとる……。書道と聞けば、そんな「静」のイメージを持つ人が多いだろう。

でも、大曲高校書道部のユリたちが夢中になっているのは、その対極にある新しい書道。汗ほとばしり、身も心も熱く燃える「書道パフォーマンス」だ。

ズンズンズン……

廊下の突き当たりの教室から、アップビートの低音が響く。

Rock you!

目の前のガラスを割れ！

欅坂《けやきざか》46のヒット曲「ガラスを割れ！」に合わせ、ジャージー姿で踊るのは、春に入学した

ばかりの一年生。本家顔負けに髪振り乱し、頭と腕を激しく振り回す。飛び散る汗は、自然と教室の熱気を上げる。

これはダンス部……ではなく、書道パフォーマンスの特訓。大曲市内の商業施設で行われる新チームのデビュー戦があと一週間後に迫っていた。

パフォーマンス部長を務める三年のユリの指導にも力が入る。

「ストップ!!!　もっと体の動きを大きく。カワイイだけのダンスじゃないんだから」

◆頭の上から墨かぶり

書道パフォーマンスは簡単に言うと「人を魅了する書道」だ。音楽やダンスを組み合わせながら、縦四メートル×横六メートルの大きな紙の上に、文字を書く。題材は英文だっていいし、スプレーを使って絵を描いてもいい。

今、ダンス練習をしている一年生六人はまだ筆はとらず、一糸乱れぬ体の動きでパフォーマンスを盛り上げる役割。紙だけでなく、そのまわりの空間そのものも思うままに染められる自由さが、ユリはこの上なく大好きだ。

廊下を挟んで、上級生が書の練習をする書道室。床に敷き詰められた新聞紙の前で三年のカナコは額の汗をぬぐった。

先生のお手本を見ながら、何度も何度も文字を書き重ねる。もう、新聞紙は真っ黒だけど、少しずつ力強さを増していく自分の文字にカナコは手応えを感じていた。

ジャージーが汚れようと顔に墨がつこうと、誰も気にするそぶりはない。なにせ、ここにいる二、三年生は大抵、お笑い番組を地でいく「墨かぶり」を一度は経験しているのだ。

書道パフォーマンスは書き手の動きも激しい。墨が入った小さな手桶《ておけ》を持ち、紙の上を踊りながら縦横無尽に動き回る。

最も危険なのは美しく両手を上げる決めポーズの瞬間。桶を持つ手を勢いよく上げすぎたり、少しでも手首の角度を間違えると……。

バシャン‼

頭の上から派手に墨をかぶることになってしまう。その場では笑いがおきるが、さすがに帰りの電車で浴びる痛い視線に慣れることはない。

そんな体育会系（?）書道部が目指すのが、七月末に愛媛県で開催される全国大会「書道パフォーマンス甲子園」。過去四年連続で北日本予選を勝ち抜き、本戦出場を果たしているが、その度に全国の高い壁にはね返された。

新チームのデビュー戦に「ガラスを割れ！」を選んだのは、今年に懸ける思いの表れ。何とか全国の強豪と伍するパフォーマンスを披露したい。

そのためにはまず、乗り越えないといけない課題がある。

「字が下手」問題だった。

◆「練習、まずは字」

「とにかく〝字〟にこだわる」

一年前、ユリたち三年生五人が新チーム結成時に誓い合った目標だ。

それって、書道部として当たり前じゃ……と思うかもしれない。もちろん、ユリたちだって字にこだわってきたつもりだ。しかし、ユリが高二の夏に出場した、「書道パフォーマンス甲子園」では、自分たちのこだわりがいかにちっぽけなものだったのかを痛感させられた。

当時、半年かけて練り上げたテーマは「文明開化」。社会で活躍する女性が出てきた歴史をイメージし、一二人のメンバー全員がはかま姿で躍動する。

バレエ経験者のユリの優雅な舞いがあり、なぎなたの演舞があり、和傘など小物を使ったパフォーマンスもあり……そして巨大な紙のど真ん中には、先輩が全身の力を込めて記した「道は必ず開ける」というメッセージ。六分の演技中、会場は沸いたし、自分たちとしても最高の出来だった。

だけど、多分……。

空港までの帰り道のバス。ユリは先輩の引退に一抹の寂しさを感じつつ、上位入賞を逃した現実に妙に納得していた。

おぼろげだけど、分かった気がしたのだ。自分たちに足りないもの。

後日、大会本部から郵送されてきた詳細順位は、ユリの考えを確かなものにしてくれた。

パフォーマンス力では全二一校中六位。でも筆さばきや字の正確さなど、書道作品そのものに対する評価は下から二番目。つまり、「字がダメ」というわけだ。

確かに上位校は作品の迫力が半端なかった。

優勝校は、紙の上半分を教室の黒板に見立てて真っ黒に塗り、その上にチョークをイメージした白い文字で「壁をぶち破れ！」と豪快に書いた。

一見、書き殴った感じなのだが、一つ一つの文字やその配置を見てみると、計算され尽くしていて、しかも若さとか躍動感とか情熱とか、いろんな気持ちがあふれ出ている。

それと比べてしまうと、自分たちの作品はいかにも平凡で、人を引きつけるものが少ない。

「結局、完成作品を客席に向けた時の迫力だよ」

「パフォーマンス重視の練習ではかなわないな」

パフォーマンスをいかに芸術作品に昇華させるか。当たり前だが、ついつい見落としがちな真理でもあった。

書道部の活動は、半分が書道パフォーマンスの練習、残り半分は、古人の優れた筆跡をお手本にする「臨書」に充てられる。

当然、動きがある書道パフォーマンスの方が何倍も難しい。しかも、紙が大きいので、全体のバランスをとるのも大変だ。

だから、これまではパフォーマンスと臨書は別物と考え、書道パフォーマンスの練習は、ダンスや大きな紙を使った実践形式を中心にしていたが、新チームは、それを変えた。

「まずは字!」。ということで、自分が担当する文字を何時間も座って練習。その次は、A4判の〝設計図〟とにらめっこし、ひたすら床に敷いた新聞紙に書き続ける。メジャー片手に文字の大きさや、書き始め、書き終わりの位置を一センチメートル単位で調整する。

ユリはいつの間にか、書道の魅力にとりつかれていた。止め、はね、払い、文字と文字の間隔、角度。神経をとぎすますほど、自分の文字がより力強く、輝きを増していくのが分かった。

◆渋過ぎ、だけど美しい

雪深い一月の書道室。書道部の面々は一枚のルーズリーフを囲んで、考え込んでいた。なまはげ、あきたこまち、秋田犬、比内地鶏にきりたんぽ……。書かれていたのは、いわゆる〝秋田名物〟。夏の「書道パフォーマンス甲子園」で、「秋田の魅力を伝えたい」というところまでは決めたけど、具体的な題材となると、難しい。

ちなみに、先輩たちが過去に取り上げた秋田美人と大曲花火は、最初から除外されている。書道パフォーマンスにとって、「題材」は生命線。なまはげは、女子オンリーのうちの部だと表現するのは難しそうだし、食べ物はうまく書道に結びつけることができるかどうか……。

たくさんの案が消された後、最後に残ったのは「秋田杉」。

ん、地味かも。正直、ユリは気が乗らなかった。豊かな自然は秋田の宝だけど、JKが杉って、渋過ぎる取り合わせだ。

とりあえず一晩、秋田杉の魅力について、それぞれ調べてくることでその場は終わった。

翌日、二度目の会議。

・成長は緩やかだが、年輪の幅が狭く、密度が濃い
・清純爽快な香りでリラックス効果がある
・丈夫で木目が美しく、建材から曲げわっぱまで用途が広い

あれ、意外とやるじゃん、秋田杉。研究成果を並べてみると、どんどん言葉があふれてきた。

二〇〇年を超える時をかけ育つ上質な杉。厳しい冬を何度も乗り越え、まっすぐ天に向か

って伸びていくその姿は、強く、しなやかで、美しい。

「生命の樹」

自然に、真ん中に置く文字が浮かんできた。秋田育ちだからこそ、表現できる言葉。「これで行こう」。ユリの呼びかけに誰も異論はなかった。

背景には、青で故郷の山をシンプルに、大胆に描くことにした。なぜ山が青なのか？　遠くに連なる山は、緑ではなくて深い深い青なのだ。私たちだけが知っているあの美しい色……。

「書道パフォーマンス甲子園」は、動画と写真による審査で出場校が決まる。

五月、撮影の日がやってきた。予算の都合で撮影は三回。

「お願いします！」

体育館を半分使って紙を広げて、ステージ上に設置されたカメラに向かって深く一礼。ユリたち三年五人と二年三人は一斉に動き出した。

三回目の撮影。両手に持った筆で力強く、「命」という字をしたためたユリは、不思議な感覚を味わっていた。振りを気にするでもなく、音に合わせるでもなく。ただ、書の世界に入り込んでいる自分。ほかの仲間も同じみたいで、ふと目が合ったハルミと、ほほ笑み合った。

作品は一回目のものが、一番バランスが取れていた。でも、満場一致で選んだのは最後の作品。無我夢中でパフォーマンスできたあの回は、力強さが他の作品と全く違った。

審査結果が発表された六月一五日、顧問の竹田先生は淡々とした表情でユリたちに告げた。

「残念ながら……」

「えっ、残念ながら……?」

「みんなで四国に行きます!」

ドッと沸く書道室。ユリは目に涙を浮かべながら、思った。

もう一度、全国でみんなとあのパフォーマンスをしたい。もしそれができれば……。

ユリは地元の誇り・秋田杉と共に挑む最後の全国に胸を高鳴らせた。

◆想いを後輩に託して
二〇一八年七月二九日、「書道パフォーマンス甲子園」の本番。

ユリたちには「やりきった」という手応えがあった。字もパフォーマンスも、自分たちのベストと言っていい出来だった。

だけど結果は……受賞ならず。

「自分たちのやりたいことがよく伝わってくる」。後日、郵送で送られてきた審査員たちの総評は、おおむね前向きな評価だった。一方で、「オーソドックス」「良くも悪くも普通」。そんな言葉も並んだ。順位は一八チーム中一六位。

みずみずしく、堂々と書かれた私たちの「生命の樹」。全体のバランスもとれていて、前年の大会だったら、ほかの作品と比べても決して見劣りはしなかったはずだ。

ただ、出場校のレベルはこの一年ではるかに上がっていた。紙の四分の一を使うぐらい巨大な文字を描く学校が何校もあって、美しさやバランスを超えた、その大胆で荒々しい生命力に、正直、圧倒されたのも事実だ。

「残念だけど、悔いはないよ」。表彰式の後、誰かが言った。「うん。やっぱり、字がちょっと下手だってことか」。また誰かが言うと、笑いが起きた。

ユリの頬に自然と涙が伝った。

創作ダンスを取り入れ、体の動きと文字で世界観を表現する――。ユリたちが作り上げた大曲高校書道部の作風は、彼女たちが卒業した今も変わらない。「いつか全国一位になる」。厳しい冬に耐え、まっすぐしなやかに育つ秋田杉のように、後輩たちは今日もただひたむきに書と向き合っている。

（二〇一八年七月一三日号〜七月二七日号掲載）

III

奥深き文化部の世界

花巻農業高　鹿踊り部――シカの輪は回る　(岩手県)

「ドンドン、ドン」

一〇月の透き通るような秋空に和太鼓の音が響き渡る。

「おっ、もうやってるな」

トモキは太鼓のリズムに合わせるように、少し速足でいつもの練習場に向かった。

部室でジャージーに着替え、棚に置いてある自分の和太鼓をむんずとつかむ。

さぁ、今日も思い切り、舞おう。我が古里に伝わる伝統の「鹿踊《ししおど》り」を。

◆宮沢賢治が愛した踊り

シカの頭に見立てた「シシガシラ」と呼ばれる装束をかぶり、歌い舞う「鹿踊り」は、岩手を中心に東北地方に広く伝わる伝統芸能。猟師に撃ち殺されたシカを供養するために始まったなどと伝えられている。

トモキら花巻農業の生徒には、この鹿踊りに特別な思い入れがある。かつてここで教鞭《きょうべん》を執った宮沢賢治がこよなく愛した踊りだからだ。

地元では親しみを込めて「賢治さん」と呼ばれている天才作家は、「鹿踊りのはじまり」という童話を残している。

風が「鹿踊りの、ほんとうの精神」を語った、という物語のあらすじはこうだ。

ある日、農家の嘉十《かじゅう》は山の中で、輪になって踊るシカたちに出会う。ススキの陰でひっそりと眺めていると、嘉十は次第にシカの言葉が分かるようになり、その踊りに心を奪われていく。最後は人間とシカという関係を忘れ、ついつい輪の中に飛び出してしまうが、シカは一斉に逃げ出してしまった――。


大自然の営みと一体化する喜び、人の心を圧倒する生き物の美しさ、自然への一方通行の愛……解釈は人それぞれだろう。

ただ、一つ言えるのは、鹿踊りは、僕ら東北で生まれ育った人と、豊かな自然との深い関わりの中で生まれ、受け継がれてきた宝物だ、ということだ。

「鹿踊り部」の部長を務めるトモキは二年前の春、嘉十と同様、シカの舞に魅了された。

あの日のことは今でもしっかり覚えている。

体育館で開かれた部活紹介。トモキは一人どんよりした表情を浮かべていた。

中学ではバレーボール部。高校でも絶対バレー部と思っていたが、驚きの事実が発覚した。

「うちの学校、男子バレー部、ないんかーい‼」

と、いうワケで入学早々、目標を見失ったトモキ。どこの部もピンと来なくて、発表も聞き流していた。そんなとき――。

「次は鹿踊り部です」

ん？　シシオドリ？　トモキも名前だけは聞いたことがある。そういえば、ちゃんと見たことなんてなかったな。ぼーっと、ステージに視線を向けていると、不思議なことが起きた。

太鼓の激しいリズムに合わせ、舞う踊り手。そのあふれる野性味にトモキの目は釘付《くぎづ》けになった。そして何なんだろう。この体にビンビン伝わる生命力！　胸が自然と熱くなった。

「格好いい‼」

さらに次の瞬間、それを上回る衝撃が走った。演舞を終え、舞台の真ん中であいさつしたのは……。

「えっ‼　こんなキレイな人もいるの⁉」

当時、三年だったミク先輩。「ぜひ鹿踊り部に入ってください♡」。ダメ押しの笑顔に、トモキの心は固まった。

勇壮な踊りへの感動なのか、淡い恋心なのかはさておき、踊るシカたちの輪に飛び込んだトモキは嘉十と違って、この上ない大歓迎を受けたのだった。

◆踊り手までの五つの関門

さっそく憧れのミク先輩に手取り足取り、鹿踊りの振り付けを教えてもらおう！　なんて心躍らせながら、最初の練習に向かったトモキ。課せられたのは不思議な課題だった。

「一年生の皆さんには、まずこれを覚えてもらいます‼」

ん？　突然、直立不動でぶつぶつ唱え始めた先輩たち。

「タグスコタグスコターコ」

……。何かの呪文ですか⁉

「スッタコスッタコスッタコザ」

……。あのぉ、もう一〇分ほど経過していますけど。

「チキチキスッチキチーコーザン」

……。てか、僕たち、どうすればいいんですか⁉

実はこれ、「口唱歌《くちしようが》」と呼ばれるもの。鹿踊りで叩《たた》く太鼓のリズムを暗記するための歌で、一五分もある。それを一字一句すべて覚えることが、新入生に課された課題だった。

歌詞（?）を書き写したノートを通学途中の電車で読み返したり、学校で口ずさんだり。現代っ子のトモキは「睡眠学習法」まで編み出した。歌を音読し、それをスマホのレコーダーに録音。毎晩、布団に入ってから、延々リピート再生して、脳内にたたき込む。

「先輩、覚えました‼」

約一カ月かけ、なんとか口唱歌の暗記をクリアしたトモキだったが、さらなる関門が待ち受けていた。

☑口唱歌を覚えているか
□振り付けを覚えているか
□実際に太鼓を叩けるか
□太鼓を叩きながら踊れるか
□装束を身にまとい動けるか

鹿踊り部では、この五つの関門のテストに合格してようやく人前で踊ることが許されるのだ。

中でも最難関が「装束」のテスト。鹿踊りの装束の重さは実は一五キログラムもあって、それを着たまま、中腰で踊るのは至難の業。トモキも初めてシシガシラをかぶった時は、思わずバランスを崩してしまった。

そんなわけで鹿踊りには強靭《きょうじん》な肉体が欠かせない。部の練習も最初の三〇分以上は必ず腹筋やスクワット、そして足腰を鍛えるランニングに費やす。

帰宅すれば、いつもクタクタ。トモキも台所で弁当箱を洗いながら、ウトウトしたことは一度や二度ではなかった。

各関門のテストの試験官を務めるのは先輩たちだ。

過去には、顧問の先生が「学内イベントなら」と、テストに合格していない一年を文化祭で踊らせてあげようとしたら、先輩の大反対にあったこともあるという。テストはそれほど厳しく、絶対的なものなのだ。

トモキもこの壁を乗り越えるのに苦労した。一人また一人と同級生がデビューを果たす度に焦りを募らせ、自信を失った。

折れそうになる心を支えてくれたのは、ミク先輩の言葉だ。

「自信を持って踊らないと、見てくれる人に失礼だよ」

ハッとした。僕らは誰のために、何のために踊るのか。この生命力あふれる素晴らしい伝統芸能を一人でも多くの人に観《み》てもらうため――。自分のことばかり考えていて、どうする。

奮起したトモキがデビューしたのは、入部から約半年後の文化祭。必死で踊り抜き、浴びた大喝采はたぶん、一生忘れることはできない。

◆最高の「雌鹿」に僕は、なる

踊り手デビューを果たしたトモキの次なる目標は、どこで踊るのか、というポジション争いだった。

基本、八人構成の鹿踊りには、〝エース級〟とされるポジションがある。中央で観客の視線を一身に浴びて踊る「仲立《なかだち》」と呼ばれる役柄だ。新入部員の多くが憧れることになるのだが、トモキだけは違った。

「最高の『雌鹿《めじし》』に僕は、なる！」

‼　突然の宣言に、女子七人を含む同級生が絶句したのは言うまでもない。

雌鹿とは、その言葉通りメスの鹿。ソロで踊るパートがある四つのポジションの一つだが、男子でいきなり雌鹿に立候補する部員はめずらしい。

ただ、この選択はトモキにとって必然だった。なぜなら、憧れのミク先輩が踊ってきたポジションだから。

「大切なのは、自分なりの解釈で、雌鹿になりきること」。彼女はそう言っていた。

トモキにとって、雌鹿とは群れを見守るお母さん。他の鹿たちがのびのびと踊る様子に、誰よりも優しく、慈愛に満ちた視線を注ぐ。そして雄鹿と二匹で向き合って踊るシーンは、これでもか、ってほど情熱的に。

自分なりの雌鹿を見つけたトモキは見事、引退するミク先輩から、その座を引き継いだのだった。

◆明かされた秘伝の踊り

踊り手になると、超多忙な毎日が待っている。年間でこなす公演は、地域のお祭りや高齢者施設への慰問など三〇回ほど。月に二回以上は人前で本番の踊りを披露している計算になる。

ステージに上がれば、いつでも真剣勝負。トモキは常にそう心がけている。

高齢者施設で公演すると特にそれを感じる。踊りに涙するお年寄りもいるからだ。鹿踊りに特別な思い出があるのかもしれないし、純粋に踊りに感動してくれているのかもしれない。いずれにせよ、鹿踊りには人の心を揺り動かす何かがあると思うし、全力の踊りで人に「感動」を与え続けることが、この生命力あふれる踊りを後世に引き継ぐために必要なのだ。

そして、全国の人にこの踊りの魅力を伝える最高のステージが、毎年夏に開かれる全国高等学校総合文化祭――総文祭だ。

総文祭は「文化部のインターハイ」とも称される高校文化部の祭典。演劇や吹奏楽、写真など様々な部門で全国トップクラスの高校生が集う。

鹿踊り部がめざすのは「郷土芸能部門」。出場するには前の年の秋に開かれる県大会で上位二位以内に入らなければならない。花巻農業のある岩手県は、各地に個性的な伝統芸能があり、総文祭に出場すれば常に全国上位に入る強豪県。勝ち抜くのは容易ではない。

県大会が間近に迫った二〇一七年夏、トモキらは、部を指導する「春日流落合鹿踊保存会」の会長・大野五月男さんから突然の提案を受けた。

「お前らに、流派に伝わる『秘伝の踊り』を伝承する」


一九五八年創設の鹿踊り部で受け継がれてきた踊りは四演目。

「え？　まだ僕らの知らない踊りがあるんですか!?」

それは、これまで高校生には、決して伝えられることのなかった「幻の鹿踊り」だった。創設六〇年にして初めて知る演目に、トモキらが胸躍らせたのは言うまでもない。だって、秘伝って言葉だけで心くすぐられる。

「何だか知らないけど、とにかく格好いいらしい！」

ただ、継承の是非を巡っては、保存会の中で議論もあった。

「高校生に伝承しても良いのか。本当に踊れるのか」

鹿踊りは歴史ある伝統芸能。その秘伝の伝承は、まさにマンガや映画で出てくる〝奥義継承〟をリアルにした世界なのだ。

踊り方は門外不出。代々、継承者にふさわしいと認められた者だけが、口伝と実演のみで受け継いでいく。踊りの名も公で明かされることはない。

だが、トモキらを常に見守ってきた大野さんには確信があった。努力を怠らぬ姿勢、踊りのセンス、そして継承者としての覚悟……。

「あの子たちならきっと大丈夫。鹿踊りを全国に知らしめたいという思いに応えたい」

◆究極の進化、そして伝説に

猛特訓が始まった。

秘伝の踊りの特徴は、半端ない運動量。ぐるぐる回転しながら、頻繁に隊列を入れ替え、体全体で生命の躍動を表現する。約一五キログラムの装束は腰に大きな負担を与え、トモキもコルセットを巻いて練習に臨んだ。

さらに、ステージで踊る総文祭対策として、通常の八人構成を一六人構成にアレンジ。迫力は増すが、その分、そろえるのも難しい。心が一つにならないと、全てが台無しになる。

ただ、五年ぶりの総文祭出場をかけた県大会。トモキは秘伝の踊りのパワーを実感した。

まだプロトタイプ（原型）をマスターしただけなのに、ステージ上から見ても、観客が踊りに心奪われているのが分かる。心を刺激する和太鼓の激しいリズム。いかつい装束を身にまとい、時に荒々しく、時に優しく舞い踊る一六人の一糸乱れぬ動き――。

結果はもちろん堂々の通過。花農鹿踊り部が究極の進化を遂げた瞬間だった。

そして二〇一八年夏の総文祭。それは〝伝説〟になった。

先人たちが脈々と受け継いできた踊りに、照明などの演出を加えたのだ。伝統を現代風にアレンジした約一〇分の演技を終えると、会場はどよめきと拍手に包まれた。

それだけでも、十分満足だったんだけど……。

「文部科学大臣賞は、花巻農業高校鹿踊り部‼」

えっ？　思わず息をのんで、仲間と目を合わせたトモキ。最優秀賞。つまり、全国一位――。

ある審査員の講評にはこう書かれていた。「未熟な踊り手は一人もいない。奇跡だ」

地元に凱旋《がいせん》したトモキらを待っていたのは、夏の甲子園で起きた「金農フィーバー」ならぬ「花農フィーバー」だ。全国一の踊りを生で見たいと、これまで以上に公演の依頼で引っ張りだこになった。

秘伝継承者の責任も重い。課題は世代交代。「後継者を育てるまで、卒業させないからな」。大野さんの言葉は最近、あまり冗談に聞こえなかったりもする。

それでも後輩たちは一歩ずつ、自分のペースで口唱歌や太鼓の試験を乗り越えていく。その姿を見る度にトモキは、いつかの自分を重ね合わせる。

ぐるぐる、ぐるぐる。

「伝統」はきょうも、どこかで回り、受け継がれていく。

（二〇一八年一〇月一二日号～一一月二日号掲載）

大泉桜高　手話部——手から聞こえる　（東京）

「もっとハキハキと。もっと語りかけるように！　それじゃ、聞、こ、え、て、こ、な、い、よ‼」

すっかり秋らしくなった九月の放課後。いつもの教室で私は厳しい口調で部員たちを鼓舞した。

手話を学ぶ高校生たちの祭典「全国高校生手話パフォーマンス甲子園」の決勝大会まであと一週間。ここ最近で随分マシになった気がするけど、まだ手や体の動きが小さい。「恥ずかしがったりしたら、ダメなんだって！」。ついつい小言が出てしまう。

同じ二年のユキには、「この部活、怖いわ〜（笑）」って今日もちゃかされたけど、甲子園って名のつく大会に出る以上は、文化部だって死力を尽くすのが当たり前だ。

しかも、去年は出場すら叶《かな》わなかった夢の大舞台。私は一人でも多くの人に体で伝えたいのだ。

「手話ってカッコイイ‼」

◆私が手話を始めたワケ

こんにちは。大泉桜高校手話部の部長・シヅカです。いきなり熱血指導の場面から入るなんて、担当記者さんも人が悪い（笑）。でも、私は高校入学までは野球やバドミントンに打ち込んできた「ザ・体育会系女子」。ついつい指導に熱が入ってしまうのも確かなわけで……。

と、自己紹介はさておき、私たちの物語が始まる前に、手話の魅力について、まず私から説明しようと思う。

手話と言えば、思い浮かぶのは、テレビ番組のワイプとかにたまに出てくる手話通訳かもしれない。手話は、耳の不自由な人には欠かせないコミュニケーション手段の一つ。実際、うちの部員の中には将来、介護や看護の仕事に就き、職場で手話通訳をしたいって子が多い。ただ、私が手話部に入ったのは全く別の理由。さっきも言ったけど、「手話ってカッコイイ☆」のだ。

高校入学直後に体育館で行われた部活紹介。当時、バドミントン部に入ろうと決めていた私は、各部の発表をぼーっと聞いていた。

手話部が登場したときもそう。「こんにちは、手話部です！」。へぇ〜、手話ねぇ。大切なものだとは思うけど、体を動かすわけでもないし、私にはあまり関係ないな……と思っていた次の瞬間——エッ？

突如、体育館に流れ出した軽快なＪ－ＰＯＰ。先輩たちは直立不動どころか、次々と手話を繰り出しながら、ステージ上で舞い踊り始めた。後で知ったのだが、これは「手話歌」というパフォーマンス。指や腕の動きで滑らかに、しかも情感たっぷりに歌の世界観を表現する先輩たちの笑顔はとにかくキラキラしていた。

〝ギャップ萌《も》え〟なのかも。地味で真面目な印象があった手話が、実はこんなにオシャレで躍動感あふれるものだったなんて‼　自分の心のときめきを感じたのは、あの日が生まれて初めてだったと思う。

「手話って、カッコイイ☆」（三度目、すみません）。

かくして、体育会系女子を自任していた私は、手話部の門を叩《たた》くことになったのだが、そこでうちの部は知る人ぞ知る存在だったことを知る。

東京都立立川ろう学校との合同チームを組んで出場した前年の「手話パフォーマンス甲子園」で三位入賞を果たした実力校だったのだ。

手話にかける私の体育会的青春はこうして幕を開けた。

◆覚えるだけでは足りないこと

手話を始めて気づいたことがある。手話とは言語の一つである——ということ。当たり前と言えば当たり前。でも、私たちがやっていることを知れば、手話の勉強がいかに英語の勉強に似ているか、分かってもらえると思う。

まず基礎として覚えなきゃいけないのが「指文字」。日本語の五〇音に、一つずつ指の形が決まっている。これを覚えれば、時間はかかるけれど、言いたいことは伝えられるようになる。イメージとしては全部ひらがなで文字を書き表すのと同じかな。

指文字と並行して覚えていくのが「手話単語」。これはまさに英単語みたいなもの。手や指の動きで単語そのものを表す。

例えば、「わかりました」なら胸に手をあててぽんぽんと叩く感じ。「応援する」なら旗を振るような手の動きをする。こうした動きを、手話辞典をめくりながら、体に染みこませていく。

ちなみに私の今の単語レベルは三〇〇語ぐらい。単語と単語の組み合わせで作る熟語もた

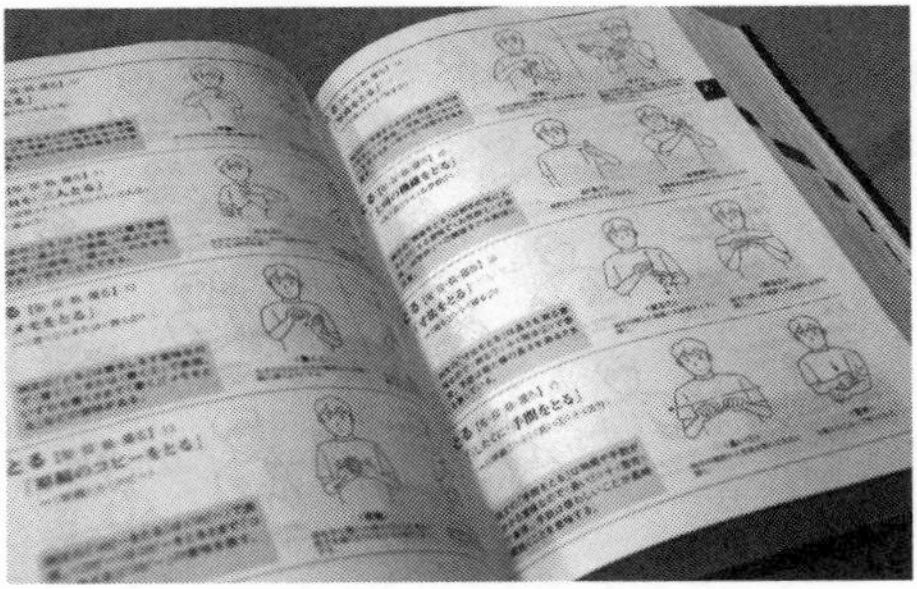

くさんあるので、これぐらいあれば簡単な日常会話はこなすことができる。ほら。英語の勉強と一緒でしょ？

手話を始めて二カ月ちょっと。前回全国三位という〝看板〟を背負って臨んだ初めての「手話パフォーマンス甲子園」はホロ苦い思い出になった。

前回タッグを組んだ立川ろう学校とは双方の事情で合同チームが結成できず、単独でのエントリーに。個人的には「やるならガチで」と思っていたけど、手話を日常的に使う、ろう学校の生徒の存在は大きいらしい。チームの士気は上がらなかった。

結果は動画審査で予選落ち。自分としては、完璧にできたはずだったのだけど……。それだけでは何かが足りないということらしい。

うちの学校では、大半の先輩が二年の最後で部活を引退する。代替わりを控えた今年三月、私は部長に立候補した。

同級生は私を含めて五人。先輩の間では、華麗に手話を操る「技術担当」のユキや、一人ボケ突っ込みが得意な「和ませ担当」のナナコも候補に挙がったらしいけど、今の部を引っ張っていくには、体育会系の私が最も適任だと自負していた。

再び全国の舞台に立つには、私たちに足りない何かを見つける必要がある。「覚える」の先にある何か。これまで以上に厳しく手話と向き合う必要があるのだ。

直後の春休み、私たちは立川ろう学校の高校生たちとの顔合わせに臨んでいた。二〇一九年の「手話パフォーマンス甲子園」に再び合同チームを結成して臨むことになったのだ。
手話歴約一年。先生の手話はほとんど読み取れるし、単語の数も増えてきた。「ろう学校のみんなと何を話そう」って楽しみにしていたのだけど……。
相手（はじめまして）
私（はじめまして）
相手（%#¥&!$%&……）
えっ!? は、速い！ 何を言ってるのか全然わからん‼ しかも、相手の手の動きを読み取ろうとしている間に、話はどんどん進んでいく。正確に読み取れてる気がしないから、こちらから話すのも気が引ける。

結果、相手の顔を見て、ニコニコしてるだけ。心の中で自信がガラガラと音を立てて崩れ落ちる気がしたし、そこで改めて思いしらされた。

手話の勉強は英語の勉強と似ている。覚えるだけでは、話せるようにはなれない。

◆体で覚えろ‼

「……しーちゃん、ちょっと目開きっぱなし‼」

とある日の練習、副部長のナナコから肩を叩かれ、私はハッとして我に返った。

あぁ確かに。目がちょっと乾いて、痛いかも……。

視線の先にあったのは、立川ろう学校の高校生二人が手話で会話を楽しむ姿だ。手話への自信が見事打ち砕かれた三月の出会いから、私ってずっとこんな感じ。「手話パフォーマンス甲子園」に向けた月二、三度の合同練習中は、彼らの姿を「ガン見」するのが、習慣になった。

手話の勉強は英語の勉強と似ていると書いたけど、〝手話ネイティブ〟の彼らの会話を観察していて気づいたのは、私たちが手話歌でやっていた手話と、日常会話における手話の違いだった。

歌詞にあわせて、手話単語や手の動きを覚える手話歌の手話は、ダンスの振り付けを覚えるのに近い。

でも、ろう学校の生徒同士は手の振りだけでなく、顔の表情を変えたり、手の動きに抑揚をつけたりしながら、手話で会話をしている。英語にたとえるなら、ハリウッド映画でネイティブの俳優さんがしゃべっている英語を聞く感覚だ。

そこで、体育会系の私が考案したのが、ひたすらマネする勉強法。スポーツでもよくある。うまい人の動きを見まくって、そのイメージを自分の体に叩き込む、あのやり方だ。

相手が何を言っているか、全然わからなくても、まず指や手の動き、表情を丸覚えする。家に帰ったら、お風呂で手を動かして、会話を再現した。わからない単語は手話辞典やユーチューブの手話解説動画で徹底的にチェックした。

成果はしっかりと表れた。

最初の頃は会話の中で理解できたのは、わずか一単語くらいだったのに、三カ月たったある日、手話ネイティブたちの会話が突然、頭の中でクリアに理解できるようになった。たと

えるなら、自転車を補助輪なしで乗れるようになったときのあの感覚。今までわからなかったのがウソのように突如、わかるようになったのだ。

聞き取れるようになったら、実際にしゃべりたくなるのが語学というもの。ほとんどの英語学習者と同じように、私もろう学校の高校生に手話で話しかけるのは、勇気が必要だった。

なぜなら手話は、手の向きが少し違うだけで意味が変わってしまうから。「間違ったら嫌だな」「変な意味に伝わったらどうしよう」。聞けばみんな同じ悩みを抱えていた。

全国を目指す上で、チーム内のコミュニケーションは欠かせない。手話で話すことに抵抗をなくすため、私たちは部活に「声を出してしゃべらない日」を設けることにした。

その名の通り、声出し厳禁。手話やジェスチャー、表情だけで部活をする。

（表情をもっと豊かに！）

（えっ、何て言ってるの？）

（それじゃ、伝わらないんだって‼）

無音の教室で、身ぶり手ぶりで会話を交わす私たち。手話単語がわからなければ、指文字と顔の表情で気持ちを伝える。はたから見れば、相当シュールな空間だけど、私たちの会話力は着実にアップしていった。

手話と英語の勉強は似ている。多分、同じようにやれば、相当、英語の成績も上がるはず。残念ながら私の場合、手話にのめり込み過ぎて英語には手が回っていないのだけど……。

◆自分の気持ち次第で未来は変えられる

早朝に東京駅を出発して約六時間。二〇一九年九月二八日、私は決戦の地・鳥取市の「とりぎん文化会館」にたどり着いた。いよいよ明日は憧れの大舞台「手話パフォーマンス甲子園」の本番。自然に胸も高鳴る。

知らない人も多いと思うけど、鳥取県は全国で初めて「手話言語条例」が制定された〝手話の聖地〟だ。六回目を迎える手話パフォーマンス甲子園はすでに秋の風物詩になっていて、街のあちこちに大会開催を告げるポスターが張られている。

二年ぶりに立川ろう学校との合同チームを結成した大泉桜高校手話部。上位進出を狙うため、今年はとびきり〝ロック〟な演劇を準備した。

主人公は二人の女子高生。バドミントンで東京五輪を目指すという夢を周囲から全否定された女の子と、耳が聞こえないことで挑戦することに臆病になっているろう者の女の子だ。自信を失った二人はたまたま通りかかった校内ライブで三人組のろう高校生のロックバンドと出会い、こんな言葉をかけられる。

「ろう者にロックは無理だと言われた。けど、私たちだからできるロックがある」「弱い自分と闘う。それがロック」――。

ちょっと振り切れた物語だけど、みんなで話し合いながら作り上げた台本には、随所に細かい演出と私たちなりのメッセージがちりばめられている。

例えば、バドミントンをやっている女子高生を演じるのは私。冒頭のシーンでは、バドミントン部を兼部している私が本格的なフォームでスマッシュ（ただし、シャトルはなし）を決める。

ロックバンドは全員が発泡スチロールで作ったギターを抱え、伝説のハードロックバンド「ＫＩＳＳ」ばりの白塗りメイク。誰の趣味かはあえて触れないが、会場がざわつくことは間違いない。

そして、台本の端々に込めた私たちからのメッセージ。それは「聴者（聞こえる人）でも、ろう者（聞こえない人）でも自分の気持ち次第で未来は変えられる」ということ。ろう学校のみんなと手話で会話を交わす中で学んだことだった。

八月、私たちの作品は無事、動画審査を通過した。


再び鳥取市。会場での前日練習はこれまで以上に熱を帯びた。「動きを大きく！」「感情を表に出す‼」。顧問の先生から矢のように指示が飛ぶ。大きな会場では、過去最大級に熱量を押し出さなければ伝わらない。

そんな中、私はチームに一つの提案をした。バンドの演奏を見て、主人公二人が心動かされる物語の重要シーン。二人の気持ちが観客に伝わるように立ち位置をこれまでより前にすべきだと思ったのだ。

「ちょっといいですか……」。そう切り出した私は、手話で必死に自分の考えを伝えた。

（わかった）

（やってみよう！）

ろう学校の生徒たちも私の手話を読み取り、頷《うなず》いてくれた。

その直後、不思議なことが起きた。あちこちで手話による話し合いが生まれたのだ。

（今の場面、これでいい？）

（もっと派手に動いてみるよ）

私たち手話部と立川ろう学校の生徒たちによる議論は、練習時間が終わっても続いた。

ラグビー日本代表じゃないけど「ＯＮＥ　ＴＥＡＭ」って、こういうことなのかもしれない。出身国の違いだって、耳が聞こえるか聞こえないかの違いだって、目指す目標が同じであればきっと、乗り越えられる。

◆全国の壁が教えてくれた事

九月二九日午後。手話パフォーマンス甲子園の出番を前に、私たちは舞台袖にスタンバイしていた。出演順は一五チーム中一五番目。つまり、最後の最後だ。

（力を出し切ろう！）

（うん。頑張ろうね！）

手話で励まし合いながら本番を待つ。袖からは、他校のパフォーマンスがちらりと見える。見事な手話ラップや、一糸乱れぬダンスを交えた手話歌。ライバルたちは、やはり手強い。でも、私たちの手話演劇だって負けていない。

「次は大泉桜高校・立川ろう学校の合同チームです！」

司会の声とともに、暗転していた舞台がまばゆいスポットライトに照らされる。浮かび上がったのは、バドミントンで五輪を目指す女子高生役の私。

えいっ‼　ステージのど真ん中で、私は気合を入れて、右手のラケットを振り抜いた。


本番の八分間は、あっという間だった。無我夢中で、自分がどんな演技をしたか記憶はほとんどない。でも、やりきった手応えはある。みんなも、すがすがしい笑顔を浮かべていた。

「もしかしたら、一昨年の三位を超えられるかも」

そんな期待を抱いて臨んだ表彰式。だけど、私たちの名が呼ばれることは最後までなかった。

あぁ……。深いため息と長い沈黙がチームを包む。

やっぱり、全国の壁は高い。うちの学校は二年で部活を引退するから、私にとってはこれが最後の全国大会。だけど、最高の舞台で全力を出し切れただけでもいいじゃないか。

そう自分を納得させようとしたその時、ろう学校の仲間が沈黙を切り裂いた。

（来年は絶対にみんなと優勝したい！）

（もっと練習すれば大丈夫）

真っ直ぐな表情で繰り出される彼らの手話は、これまで以上に熱く、力強かった。

胸の奥底がギュッとなり、初めて気付いた。そう、私も悔しい。悔しいんだ。


この日の夜、私たちは打ち上げを兼ね、ファストフード店に行った。

席についた途端、手話でおしゃべりが始まる。

（ちょっと、うるさいよ！）

（いいじゃん！）

みんな笑顔で冗談を言い合う。ちょっと前まで、手話でざっくばらんに話すなんて考えられなかったのに……。

もう一度、この仲間と共に全国に挑戦したい。そう思った。

◆世界を開く魔法の扉

手話パフォーマンス甲子園から帰ってきて一カ月。私は、暇さえあれば手話のことばかり考えている。

勉強している時でも、無意識に手話辞典を開いていて、「はっ！　勉強しなきゃ」ってなるし、この前は、お風呂で手話の練習をしていたら、時間を忘れてのぼせてしまった。

私だけじゃない。クラスメートでもあるユキとは教室でも手話で話すようになった。まわりが「？？？」って表情になるのが面白くて、つい二人でニヤニヤしてしまう。

「手話ってカッコイイ！」。最初は華麗なパフォーマンスに憧れて入った手話部だけど、一年半たった今、手話は私の生活の一部になりつつある。

これから先、私は手話を通じて何を感じ、どんな仲間と出会うのか。繰り返し言ってきたことだけど、手話は英語の勉強と似ている。

どこまでも私の世界を広げてくれる魔法の扉——。

（二〇一九年一〇月四日号～一一月八日号掲載）

北陵高　バルーン部――空中散歩（佐賀県）

◆佐賀の大空が映える秋――熱気球にかける男たち

皆さんは佐賀県がどこにあっか知っとんさんね？　九州の北側、福岡と長崎に挟まれとって、肩身ば狭そうにしとっヤツばい。がばい存在ば忘れられるっばってん、そいがおいの生まれ育った佐賀県ばい。

で、そんな佐賀が年に一度、燦然《さんぜん》と輝くときがある。毎年一〇月末から一一月頭にかけて開かれる「インターナショナルバルーンフェスタ」だ。

世界のおよそ二〇の国から参加者が訪れ、競技や趣味で熱気球を上げる。一〇〇万人近い観客が集まることもあり、このときばかりは、閑散とした佐賀駅前が渋谷のスクランブル交差点のようににぎわい、会場の河川敷にもたくさんのテントが立ち並ぶ。

カラフルな熱気球が一斉に飛び立つ景色は、何度見ても鳥肌が立つ。でも、なぜ、佐賀で熱気球かって？　よく聞いてくれました。

理由1：地形が平坦《へいたん》だから

理由2：田んぼが多くて、どこに着地しても大丈夫だから

だから熱気球は、田んぼの稲刈りが終わった後の一〇月末〜二月と、麦刈りが終わった後の六月がシーズンと決まっている。そして我が北陸高校バルーン部は、全国的にも珍しい高校の熱気球部なのだ。

「おーい、古田。風船ば飛ばして」

「はーい！」

顧問の中川先生に言われ、車に積んだボンベで真っ黒な風船にヘリウムを入れる。まずは、この風船を飛ばして、風の向きや勢いを読むのだ。ちなみに今日は一〇月二五日。今シーズンの熱気球が解禁されて、まだ四日目なので、気分も乗っている。

「古田、なんね、そい。なすびんごとなっとんね」

ヘリウムを入れすぎて、ナスビみたいになっちゃった。この日は風が強くて、手から離した風船はすぐに見えなくなってしまった。

操縦桿《そうじゅうかん》がない気球は、基本的に風の吹くまま空をただよう。風向きは高度によって異なるので、僕たちは、風船やほかの気球の動きで風向きをよみ、バーナーの調節で高度を上げ下げして、なんとなく、目的の方向へ向かうのだ。

ちなみに、バルーン部の朝は早い。風が弱い早朝でないと飛ばせないため、学校に朝五時に集合し、河川敷に行くなんて当たり前だ。

「今日は無理ばい。風が強すぎるばい」と先生。

気球が上げられるのは、だいたい二回に一回くらい。雨だったり、風速が毎秒六メートルを超えたりすると、もう飛ばせない。

せっかくの早起きば無駄になることもあっけどさ、まあ、こがん自然任せなとこが熱気球の魅力でもあっとさ。

◆僕が大空を好きな理由――父さんとバルーンフェスタ

午前六時半。一一月頭とはいえ、早朝の河川敷は冷えるので、つなぎの袖を引っ張って両手を隠した。ボウッという音でバーナーが火を噴くと、その時だけ周囲が暖かくなるのがうれしい。

年に一度のバルーンフェスタ。バルーン部は他の気球と競うというよりも、いつものように楽しく気球を上げるのが目的。とはいえ、こうしてたくさんの気球が集まっていると、やっぱりワクワクする。

「古田！　ちゃんと布ば広げんね！」

顧問の中川先生の声はいつも以上に大きい。草の上に気球の球皮を広げて、インフレーターという大きな扇風機みたいなもので風を送り込む。時に事故も起きる気球だから、先生の指導はいつも厳しい。

「立ち上げっぞ！」

もこもこと広がった球皮の中をバーナーで暖め、浮かんだところで、横倒しにしていたかごを立てて一気に乗り込む。

この日はパイロットの福島さんと、もう一人の顧問、山口先生が気球に搭乗。目的地が遠く、どんな風が吹いているか読めないため、生徒が乗って事故になったら大変という福島さんの判断だ。僕たち部員は、車で気球を追いかけ、ほかの気球の動きや風向きを無線で伝える。気球に乗れないのは残念だけど、下のサポートも大切な役割だ。

僕はぐんぐん高度を上げる気球をまぶしく見上げた。


毎年、フェスタの時期になると、僕は、父さんを思い出す。

僕の家族は一家でフェスタを見に行くのが習慣だった。父さんと母さんがけんかしてた時でも必ず行った。

小学四年のフェスタの時期。その年ももちろん見に行く予定だった。

「四年生の古田君。職員室に来てください」

ある日の昼休み、校内放送で名前を呼ばれた。

「やばいわ、またいたずらしたのがばれたっちゃん」

そう思って行かなかったら、午後に母さんが迎えにきた。

「お父さん、死んだんよ」

車の中で母さんはそう言って、ポロポロと涙を流した。僕は実感が湧かなくて、ぼーっとしていた。

がんだったことは知ってた。でも、あまりに突然だった。家に帰って、顔に白い布をかけられた姿を見て、初めて涙が出てきた。

トラック運転手だった父さんは、仕事で疲れている時もあったけど、飛行機好きで、よく飛行場の展望デッキにも連れて行ってくれた。僕が空を好きなのは、間違いなく父さんゆずりだ。

高一で初めてバルーン部の気球に乗った時、僕は胸ポケットに父さんの写真を入れた。この時はもう病気で顔色が悪いんだけど、優しそうに笑っている。

お守り代わりのつもりだったのかな。最近は写真がくしゃくしゃになったから、持ち出さずに机の上に飾っている。今回は高校時代最後のバルーンフェスタ。僕は心の中、こう報告した。

「将来は飛行場で飛行機の誘導ばする人になるって決めたけんね、父さん」

◆僕が大空に向かう意味——先生がくれた夢

熱気球で空に上がると、そこは無音、無風の世界。地上の雑音は全て消え、ボーボーというバーナーの音だけが時たま聞こえるだけだ。風と一緒に動くから、肌に風を感じることもない。

「なんばびびりよっとか、古田」

初めて部活で熱気球に乗った時のこと。離陸の瞬間にバスケットがグラッとして、思わずへりをつかんだ。当時の顧問、野村先生が笑いながら突っ込みを入れた。

元々高い所は大好きで、タワーでも高層ビルでも最上階に上りたくなるタチだ。ただ、気球は胸の高さのバスケットで囲まれているだけ。ちょっと無防備すぎない？

でも、気球が上昇して景色が見渡せるようになると、足の震えはやんだ。

「すごかねー。人が小さかよ」

思わず声が出た。飛行機よりも開放感があって、なんていうか、自然と一体になってる感じ。一発で気球のとりこになった。

思い出のフライトは、高校一年の夏。北海道の上士幌《かみしほろ》高校熱気球部から「北海道バルーンフェスティバル」に招待してもらった時のことだ。

野村先生と二年の先輩二人、そして同じく当時一年の磯田との五人旅。昼頃、気球を積んだワゴン車で学校を出て福岡へ行き、そこから船で大阪へ。翌朝、さらに車で日本海に回って、フェリーで北海道。そこからまたさらに延々と陸路……。気の遠くなるような大移動の末、宿泊先の公民館についたのは、出発から二日後の夜中だった。

しかし、長い道のりを来たかいがあった。

「信じられんばい。佐賀より広い畑ばあるとは」

空中からは見たことのない光景が広がっていた。真っ白な雲の中に入ると、目の前に虹《にじ》がリング状に広がっていた。

夜は北海道の高校生や、世界のバルーニストたちとジンギスカン・パーティー。北海道に行く前は磯田のこと、「まじめそうだし、話が合わなさそう」と思っていたけど、旅行中に心の距離が縮まり、最近では人生相談まで受けるようになった。

磯田も僕も、熱気球の楽しさ、厳しさを野村先生に教わった。かなり怖い人で、「はよ道具ば持ってこんね！」「もっとロープば引かんね！」とか、すごい勢いでどなられることもあったけど、普段は優しかった。進路の相談にも乗ってくれて、父親のいない僕にとっては、お父さん代わりのようだった。

野村先生は僕が高二のとき、六七歳で亡くなった。亡くなる前の週はあんな元気な姿を見せていたのに……。野村先生の野太い声が消えたバルーン部に僕はしばらく慣れることができなかった。

三年になった磯田と僕はいま、熱気球のパイロット免許取得に向けて筆記試験の勉強をしたり、フライト経験を積んだりしている。

いつかは仕事の傍ら、バルーン部にパイロットとして戻りたか。僕たちが野村先生に教わったみたいに、後輩たちに気球の魅力ば教えてあげるっちゃん。

◆私が大空に見る未来――ずっこけ顧問の挑戦

「山口先生、バルーン部の顧問になって、熱気球の免許を取ってよ」

突然、大田校長に言われたのは二〇一三年春のこと。バルーン部といえば北陵高校の象徴。

気球のパイロット免許を持つ野村先生が高齢のため、声がかかったようだ。自動車科の教員で、乗り物好きの私はもともと、興味がないわけではなかった。

「はい！」。即答だった。

ところが、これが意外に大変。免許取得には筆記試験をパスしたり、一〇時間以上の飛行経験が必要だったり、条件が多い。クラス担任の忙しさもあり、顧問になってからも、部活は野村先生にお任せ状態だった。

その野村先生が二〇一五年三月、病気で亡くなった。熱気球界で知られた存在でもあった先生の後を継ぐのは、かなりの重圧。というか、結局、パイロット免許も取れておらず、何から手を付けて良いのかもわからなかった。

「山口先生、ボンベの検査もうしたとね？」

へ？　ボンベ検査？　何のこと？　もう一人の顧問、中川先生から何か指摘を受けても、こんな調子である。

パイロットに関しては偶然、同じ学園系列のこども園でバスの運転手をしている福島さんが免許を持っていることがわかり、すぐに助っ人に頼んだ。

その年の六月、本格的なパイロット訓練を始めた。しばらくは福島さんと一緒に気球に乗って、飛行経験を積む。

初フライトの着陸時のこと。

「先生、行くけんねー！」

突然、福島さんが叫んだ。と、その瞬間。

——ガシャン‼

着地と同時にバスケットが横倒しになり、何かに頭をぶつけた。なんとか起きあがったけれど、「あれ、右目が見えんっちゃけど」。眼鏡のガラスが飛んで、粉々に砕けていた。

熱気球の手荒い洗礼を受けたが、幸い生徒を乗せたフライトでは、事故やけがはない。いまだ着陸の時は、落ちる感覚がして怖いけど……。

偉大な野村先生にはまだ足元にも及ばないが、本格的に気球と向き合うようになってから、生徒には二つのことを学んでほしいと思うようになった。社会性と、自然とふれあう楽しさだ。

巨大な熱気球を立ち上げる時は、ほかのチームの大人が手伝ってくれることが多い。きちんとあいさつできないやつには厳しく注意する。バルーンフェスタで来日した外国の人にも、ちゃんと「ハーイ！」とあいさつ（!?）をさせる。この経験は、社会人になっても生きるはずだ。

それから、最近は佐賀でも外で遊ばない子供が多い。自然は全てが自分の思い通りにならないけれど、そこが面白い。その魅力を知ってもらいたいのだ。

私はと言えば、生徒の成長が実感できるのがすごくうれしい。例えば、いつも人が話している時にちょこまか動き回って、おしゃべりしている三年の古田。最近は自分で気づいて口をつぐむようになった。

三年生の三人はそれぞれ、専門学校への進学や、電気機器メーカーへの就職が決まり、まもなく、学校から飛び立っていく。

ホント頼もしくなったもんばい。私も早く免許ば取って、生徒をどんどんフライトにつれて行かんばな〜。

（二〇一五年一一月六日号〜一一月二七日号掲載）

洛南高付属中 ディベート部――闘論（京都府）

◆衝撃的な議題　まさかのドラえもん

古都・京都でも燦然《さんぜん》と輝く歴史を持つ世界遺産の寺「東寺」。七九四年、桓武《かんむ》天皇が平安京に遷都した際に築かれ、後に空海（弘法大師《こうぼうだいし》）が真言密教の聖地として発展させたこの寺の境内に、僕らの学校はある。

東寺のシンボル的存在「五重塔」が窓から見えるディベート部の部室を僕が初めて訪れたのは二年前の春。そこで得た体験は、桜に彩られた境内の春がかすんで見えるほど、衝撃的だった。だって、先輩たちが真顔でこんな論題について討論を始めたのだから。

「日本はドラえもんを二二世紀に帰すべきである。是か非か」

教室前方の教壇を挟んで左右に分かれた中学の先輩部員と高校のディベート部員、そしてぽか～んと口を開けている僕ら見学者。

司会役の先輩が簡単にディベートのルールを説明する。それによると、

（1）一つの論題について、肯定側、否定側に分かれて議論を戦わせる

（2）一チームは四人。役割分担は、自分たちの意見を説明する「立論」、相手に質問をぶつける「質疑」、相手に反論する「第一反駁《はんばく》」「第二反駁」がある

（3）審判がより説得力があったチームを選ぶ

ということらしいのだが、そんなことより、なぜドラえもんを未来に？　てか、ドラえもんって、そもそも実在しないでしょ。帰すべきか否かって……。

なんて混乱おかまいなしに、先輩たちはこっちが聞き取れるかどうかというぐらいの早口でディベートを始めた。

議論の口火を切ったのは、肯定側。

「ドラえもんが持つひみつ道具は危険なものが少なくありません。かつては、ネズミ怖さに『地球はかいばくだん』を取り出したこともあります。ドラえもんが破損、暴走した場合、人類に与える影響の大きさは計り知れません。よって、ドラえもんは二二世紀に帰すべきです」

否定側も負けてはいない。

「ドラえもんはこれまで数々の映画で外敵から地球を救ってきた実績があります。暴走など万が一のリスクを恐れ、人類の味方、ドラえもんを手放せば、これから地球に訪れる危機に対処できなくなる恐れがあります。よってドラえもんは二二世紀に帰さず、ずっと現代に残るべきです」

なるほど、この論題。よくよく聞いていくと、人工知能とか科学技術の発展と人間との関係と似てるかも。見学者全員でやったジャッジでは、僕は否定側に一票を入れた。科学技術って常に諸刃《もろは》の剣。リスクとうまく向き合っていくことが大切だと思ったから。

でも、ディベートの面白いところはここから。一週間後、もう一度見学に訪れたとき、まったく同じ論題の模擬ディベートを見たんだけど、今度は肯定側の意見に説得されたんだ。

個人的な意見や主張ではなく、データなど客観的な事実を積み重ね、まわりを説得する。僕はこの二回の見学でディベートの魅力にどっぷりはまり、一直線に全国をめざすことになった。

あっ、自己紹介がまだでしたね。僕は洛南《らくなん》高校付属中学校ディベート部で部長をやっている大林です。

究極の知の格闘技・ディベートの世界へ、ようこそ。

◆大切なのは個の力か、チームワークか

我が洛南高校付属中のルーツは約一二〇〇年前の平安時代、弘法大師が庶民の教育のために開いた私立学校「綜芸種智院《しゅげいしゅちいん》」にまで遡る。校舎も世界遺産「東寺」の境内にあるから、生徒たちはいつも歴史と伝統を肌で感じながら学校生活を送っているんだけど、僕、大林が部長を務めるディベート部について言えば、そんな時の重みとは無縁の存在かもしれない。

中学ディベート部は僕が入部したとき、創部わずか一年というできたてほやほやの部だったのだ。先輩は三年が一人、二年が二人。そして右も左もわからない僕ら一年が六人。伝統の練習法もないから、試行錯誤で討論の腕を磨いていた。

「ディベートで大切なのは個の力か、それともチームワークか」――。おそらく多くのディベート部がチーム作りで悩むテーマだと思う。

一チーム最大四人で討論に臨むのがディベートだけど、当時のうちの部は、間違いなく、サッカーで言えば南米流、個の力を重視したスタイルだった。

月、水、土に行われる練習は、驚くほど地味な〝自主練〟の繰り返し。ある先輩はノートパソコンで原稿を書き続け、別の先輩は右手にストップウォッチ、左手に紙を持ち、ひたすら原稿を読む。しかもその早口がまた、半端ない。

「〇×□だから、％＄＃で、ほにゃららすべきなんです‼」

何やっ！　聞き取れへん！

先輩たちによると、これは「読み練」という練習。何でも全国レベルでは、限られた時間でより多くの情報を伝えるために、一分で四五〇字ほどを読むスピードが求められるらしい。ちなみにテレビ局のアナウンサーが原稿を読むスピードは一分間で約三〇〇字。「アナウンサーよりも速く、かまへんように原稿を読まないとアカンねん」と誇らしげに語る先輩が、僕には熟練の職人のように見えた。

この夏、僕ら洛南は先輩たち三人だけで、「ディベート甲子園」の近畿・北陸地区予選に臨み、なんと創部二年目にして初の全国大会出場を決めた。全国では、優勝した東京の開成中に決勝トーナメント一回戦で敗れたけど、まさかの快進撃に「このまま行けば、いずれ全国制覇も」って淡い期待も芽生えた。

◆新チームの課題

夏の甲子園が終わると、ディベート部も野球部と同じく新チームに代替わりする。先輩たちが試合で使うデータ集めの手伝いや、読み練のサポートなど、球拾いみたいなことをしてきた僕ら一年も、ついに試合に出場することになった。

これまでと同様、個々で読み練をひたすら反復し、練習試合を重ねた新チーム。ディベート特有の早口や瞬発的な思考回路は身に付いたし、個々の力量も決して他のチームと比べて劣っていないはずだった。

ただ、僕らはそこで壁にぶつかった。前年超えをめざして出場した夏のディベート甲子園では、なんとか地区予選を通過したものの、全国では予選リーグで一勝もできずに敗退したのだ。

このままでは、来年も同じ結果になる。直感的にそう思った僕は、新チーム最初の部活で部長に立候補し、仲間に告げた。

「全国で勝つには、技術を磨くだけやなくて、チーム戦術が大切なんやないかな。みんなで議論しながら練習しよう」

個人技中心から組織力重視へ――。二〇一六年秋、創部三年目のディベート部で部長に就任した僕が掲げたチーム改革のテーマだ。

チームの基本方針は「みんなの思い、意見を共有する」。一つ下も含めた部員一〇人でできるだけ多くの時間を過ごし、議論を重ねる。もちろん、原稿書きや読み練など、手探りで個の力を高めてきた先輩たちの遺産は、それぞれが自主的に積み重ねるべきトレーニングとして受け継ぎつつね。

◆統計と資料　それが武器

僕らが考える組織力とはなにか？　まずそこを説明しよう。

ディベートは、事前に提示されたある論題に対して、一チーム四人ずつで肯定側と否定側に分かれて戦う。

論拠となるのは、官公庁や民間の調査研究機関などの統計、新聞記事など客観性の高い資

料。本番では、事前の準備期間にこうした資料をどれだけ多く集め、議論の行方に応じて使いこなせるかが勝敗の鍵を握る。

これまでは部員数が少ないこともあって、出場する選手がそれぞれデータを収集し、簡単な打ち合わせをして本番に臨んでいたんだけど、僕らは日々の練習から部員全員で資料の収集と吟味を行い、全員が手持ちの資料を自在に操れる態勢を作り上げることにした。

練習の題材で活用したのは、一九九六年から始まったディベート甲子園の論題。まず各自が自宅のパソコンで調べ、印刷して持ち寄った膨大な資料を全員で検討する。

「肯定側で柱になるデータはこれやろ」

「この統計は突っ込まれたら、ちょっと反論できないかも」

本番を意識して、何日もかけて議論すると、武器として使える資料は大体五〇点に一点ほどに絞り込まれる。その後は、勝ち残った資料を基に肯定側と否定側双方の立論（自分たちの主張）を練り上げ、想定される質問や反論を三日間かけて話し合う。

最後の仕上げの部内試合が終わるまで一つの論題を仕上げるのに一カ月半かかるけど、このやり方を始めてすぐ、僕は手応えを感じた。全員が、自分たちが使う資料の意味、想定される反論への準備ができているのはもちろん、武器として採用しなかった資料の弱点まで共有できるようになっていたからだ。

スカイプを使って行う遠隔地の強豪校との練習試合でも、いつの間にか僕らは、互角の戦いを演じられるようになった。

◆創部四年目の快進撃

三月一日は全国の中高生ディベーターにとって特別な日になった。夏のディベート甲子園での論題が発表されたからだ。

二〇一七年の論題は「日本は小売店の深夜営業を禁止すべきである。是か非か」――。主題は二四時間営業のコンビニというのは誰にでもわかると思う。さて、この論題をどう切るか……。

「肯定側の主張やったら、売り上げは低いけど、人件費が高くなる深夜営業を店のオーナーに強いるのは不当という意見でいけそうな気がするな」

「否定側なら、深夜営業の店は防犯施設としても機能しているところかな」

本番を前にこれまで以上に活発に交わされる激しい議論と厳しい資料の選別。ディベート甲子園地区予選を三勝一敗の二位で通過した僕らは、中学生活最後の夏を前に、今年の目標をもう一度、確認した。そう。全国制覇だ。


八月六日、ついに全国大会当日がやってきた。僕、大林にとって中学生活最後の夏。僕らの組織力は強豪相手にどこまで通用するのか。胸を高鳴らせ、会場となる東京・池袋の立教大学に向かった。

「日本は小売店の深夜営業を禁止すべきである。是か非か」という論題で戦ったディベート甲子園。中学の部には各地区予選を突破した二四校が出場し、三校ずつ八グループに分かれた予選リーグの上位二校が決勝トーナメントに進む。

一試合目の相手は初出場の札幌光星中（北海道）。既に一敗して後がない相手に、否定側に立った僕らは「肯定側は、国が深夜営業を禁止すれば店のオーナーの負担が減ると主張するが、そもそもその負担は経営者であるオーナーが自己責任で負うべきもの」との反論で完勝。決勝トーナメント進出を決めた。

グループ一位をかけた二試合目は過去三度の優勝を誇る名門、東海中（愛知県）だ。肯定側の僕らの主張は「店のオーナーの過労を減らせる」で、実は第一試合で倒した相手と同じ内容。この試合は、論の進め方次第で展開が全く変わるディベートというゲームの醍《だい》醐《ご》味を体感できる好勝負となった。

相手は僕らの主張に「深夜営業は防犯施設としての役目も果たしており、救われている人も多い」と反論。

よしっ、チャンス‼　ここで相手に反論する役の高野が「そもそも小売店の役割って防犯じゃないですよ」と流れをこちらに持ってくると、フィニッシュは僕。「防犯は本来、警察の役割で、過労で苦しむオーナーに押しつける必要はない」とたたみかけ、難敵を下した。

勢いに乗った僕らは、午後の決勝トーナメント一回戦、準々決勝で相次いで強豪の関東勢を破り、翌日の準決勝に進んだ。

◆準決勝での最後のかけ

「このまま全国制覇や!!」

普通ならテンションマックスになってるはずなんだけど、その夜、僕らはまるでお通夜のようにどんより沈んでいた。

僕らは準決勝で否定側に立つことが決まっていたが、相手のいわき市立中央台北中（福島県）を偵察したメンバーから、「今のままでは勝つのは難しい」との報告が上がっていたからだ。

これまでの主張でいくか、新たな主張を作るか——。全員で最後の議論が始まった。出した結論は「優勝するには、かけに出るしかない」。その後はほぼ徹夜で「深夜営業を禁止すれば失業者が増える」との新たな主張を作り上げた。

が……。やはり一夜漬けで勝てるほど、全国四強は甘くなかった。相手の意見を全く崩せず、最後のアピールを担当する僕も、慣れない論展開に「え〜と」を連発。自分たちの戦いができないまま、僕らの夏は終わった。

世界遺産「東寺」のシンボル・五重塔が見えるいつもの部室。ここでは今も後輩が山積みの資料を前にあ～でもない、こ～でもないと議論を続けている。

聞けば、来年も組織力重視で臨むのだとか。いや、もしかしたら今年以上かも。全国制覇には、肯定、否定それぞれの主張をもっと磨き上げないといけないとわかったから。

創部四年目で全国三位という偉業を成し遂げた僕らディベート部。誇らしく、少しだけほろ苦いあの経験はきっと、これから続く長い歴史と伝統の礎となってくれるはずだ。

（二〇一七年一一月一〇日号～一二月一日号掲載）

明星学園高　ファッション部――ランウェーの魔法使い（東京都）

四月のある日の放課後。明星学園高校体育館小ホールには、一〇〇人ほどの新入生が集まり、その時を待ちわびていた。

視線の先にあるのは、ホール中央に延びる真っ白なランウェー。毎春の恒例行事、ファッション部による「新歓ファッションショー」の幕開けだ。

場内の明かりが落とされ、いよいよ本番。パリコレのようなオシャレな音楽に合わせ、ピンク、黒、青と色とりどりの衣装を身にまとったモデルがランウェーに姿を現すと、観客は息をのみ、ショーに釘《くぎ》付けになる。

モデルといっても、全員がうちの学校の生徒。なのに、スポットライトを浴びてランウェーを歩く姿は自然で堂々としていて、見る人の心を奪う。ショーの魔力ってヤツかもしれない。

◆我ら「構成」トリオ

私自身、中三の時、明星学園高校の文化祭でファッション部のショーを見て、鳥肌が立った。そして「こんな空間を私も作り上げたい」と思って、うちの部に入ったんだ。

制服もなく、ヘアメイクも許されているうちの学校らしく、年三回開く学内ファッションショーは、すごく個性的。二〇人を超える部員でアイデアを出し合い、企画から衣装作り、ヘアメイクまでショーの全てをプロデュースしていく。

特に今、うちの部をまとめる三人の三年生はとりわけ癖、いや個性が強いから……。

って、よく考えたら、自己紹介がまだだった。私は三年で副部長の「わば」。名前の「わかば」からいつの間にか「か」がとれて今に至る。好きな色は女子力全開のピンクで、ショーでピンクの衣装が出てきたら、大体が私のデザインと思ってもらっていいかもしれない。

さて、私も含め、部をまとめる三年生の幹部三人は「構成」と呼ばれている。演出やモデルのウォーキングの順番など、ショー全体の構成を決めるからだ。

個性の強い、残り二人の構成を紹介すると、一人目が「ひなの」。金や青に染めた鮮やかな髪色とお下げ髪がトレードマーク。そして、メモ魔だ。部のスケジュールや部員の発言やアイデアをいつも丁寧に記録してくれる。細かい作業が苦手な私からすれば、彼女抜きに部の運営は考えられない。

普段は冷静なキャラだけど、ことファッションになると別人になる。まず、入部の経緯からして、中学の時、テレビでファッション部を知って、「私ならもっとできると思った」から。自信にたがわず、デザインの独創性も衣装作りの技術も飛び抜けていて、すでに学外のショー運営にも携わっている。

そして最後の一人が部長の「アカネ」。見た目は、ただひとこと「ギャル」。新歓ファッションショーの当日も、ヒョウ柄のトップスに、厚底サンダル（なんとヒール一五センチ！）で現れ、腕組みをしながらランウェーを見つめていた。

そんな見た目だから、入学直後、彼女とは絶対に仲良くなれないと思っていたし、アカネがファッション部に入ると聞いた時は、内心ドキドキした。だけど、いざ話してみると彼女はカリスマだった。体の中心にぶっとい芯みたいなものが一本通っていて、自分の思いをはっきり伝える。アカネが発する一言で、部はギュッと引き締まる。

性格もファッションの好みも違うし、この部じゃなかったら、一生友達になることもなかったであろう三人。この組み合わせが、美の化学反応を起こすことになろうとは、入学当初、全く想像できなかった。

◆だぁぁぁ！　わからん‼　初めての新歓ショー

大勢の新入生を集め、大成功で終わったはずの新歓ショー後のミーティング。さっきまでの熱気がウソのように、場には張り詰めた空気が流れていた。

「みんな協力してくれたのに、うまくできなくて……。すみません」。二年のミクがわっと泣き出す。それにつられるようにあちこちですすり泣きの声が上がった。

四月の新歓ショーは、二年生が初めてショーの構成を作るデビュー戦。三年はその数週間後に吉祥寺で行われるファッションショー「吉祥寺コレクション」で引退するのが慣例になっているので、次期幹部の襲名披露といってもいいかもしれない。

ミクは今回のショーのリーダー。責任感が強くて、約三カ月の準備期間、本当によくみんなをまとめてくれたと思う。

だけど、ショーの神様は細部に宿る。開始アナウンスもなく、突然、スタートしたため、観客からは「えっ、始まったの？」と戸惑いの声が上がった。ヘアメイクや着替えの時間管理に手間取り、本番直前のリハーサルができず、モデルを不安にさせたまま本番に突入した……などなど、反省点は挙げれば切りがない。

泣きじゃくる二年生に視線を注ぎ、部長のアカネが口を開く。

「最初は、何もできないの。これから成長していけばいい。まず自分が何をすべきかを考えよう。そうすればチームワークも生まれる。私たちもそうだったから――」

去年の新歓ショーの前、当時二年生だった私たちは、話し合いを重ねた。

ショーには、作り手の性格や考えが表れる。一つ上の先輩たちは、とにかく「きちっ」としていた。モデルのしぐさ一つとっても、パリコレのごとく細かく計算され、一分の隙もないって感じ。同じことを目指したって、勝てるわけはない。

たどり着いた結論は「個性全開」だった。私たち同期全員は性格も趣味もバラバラ。だけど、なぜか気が合って楽しい。この不思議な化学反応をそのままショーに持っていけないか。完璧なコンセプトだと思っていたのだけど……。

だぁぁぁぁ！　わからん‼

陥ったのは大混乱だった。モデルってどう集めて、どう練習させるのか。必要な機材は何か。ショーの告知ってどうするのか。いちいちわからない。

必死に準備して迎えた本番もハプニングで幕を開けた。なんとショーの前のモデルのメイクが完成しない。開始時刻をすぎ、スタートできたのは予定時刻の一〇分後。照明担当の私はバタバタと配置につき、必死にランウェーを照らした。

目に飛び込んできたのは、ランウェーを笑顔で見つめる観客と、キラキラ輝くモデルたちの姿だった。

ショーが終わり、舞台裏に行くと、アカネが梅干しのような顔をして立っていた。涙を必死で耐えているらしい。

「アカネ……」「わば……」。顔を合わせた瞬間、二人ともぶわっと涙があふれ出た。他の同期もみんな泣いていた。いつも冷静なひなのだけは、はにかみつつ、ちょっと悔しそうな表情を浮かべてたっけ。

みんなで憧れのショーを作り出した感動、完璧にできなかった悔しさ、プレッシャーから解放された安堵《あんど》……。あの日、いろんな感情がごちゃ混ぜになって流した涙は、私たちに大切なことを教えてくれた。それは、みんなが思う存分、個性全開になれる土台のようなもの。信頼というやつだろうか。

◆自分らしくいちゃ、ダメですか？　アカネが訴えたいこと

「個性」ってすごくステキな響きだけど、気安く使っちゃダメな言葉の一つだと思う。表現者にとってそれは全てだし、迷い苦しみながら、築き上げていくものだから……。

私たちファッション部の三年生もそれぞれいろんな思いを抱いて、デザインと向き合っている。

「THE　ギャル」の異名を持つ（？）、部長のアカネももちろんその一人だ。彼女が入学した頃から掲げてきたテーマ――それは「性への挑戦」だ。

中学生のとき、アカネは友達からこんな告白をされた。

「自分は心の性と体の性が違う。好きなファッションを楽しみたいけど、周囲の反応が怖くてできない」

そ、それって、いわゆる「トランスジェンダー」？　一瞬、驚いたが、アカネはすぐに猛烈なモヤモヤ感に襲われた。

こんな近くで悩んでいたのに、なぜ自分は気付いてあげられなかったのか。

自分の個性が原因で、なぜこんなに悩まないといけないのか。

長い付き合いの友達にも言えないほど、社会的な性って絶対的なものなのか。

たどり着いたアカネなりの答えは、「堂々と自分の好きなファッションができない世の中っておかしくない？」ということ。だからファッション部に入った。

一年の時からアカネはショーで攻めた。

ピンク好きの私も含め、ショーのモデルは女性が定番だけど、アカネは基本、男性モデルを起用する。そしてメイクを思い切り施し、スカートをはかせるのだ。逆に女性モデルを使うときは、メイクやヒール靴といった「女性らしさ」をあえて排除する。

周囲の反応？　正直言えば、刺激的すぎて、最初のうちはついていけなかった人が多かったかも。

そもそも、ショーに出るモデルはみんなうちの生徒。ただでさえ、引き受けてくれる人は少なくて、練習の厳しさに「ちょっとトイレに行ってくる」と言って、なかなか帰ってこないなんて人もいるぐらい。当然、みんなの前でスカートをはいてくれる男子を探すなんて至難の業だし、アカネは何も言わなかったけど、モデル集めには相当、苦労していたはずだ。

もちろん、ショーでも「男子がメイクなんて」という声も上がった。

ただ、雨だれ石を穿《うが》つ。入部から二年ちょっとがたった今、アカネの孤独な挑戦は少しずつ実を結びつつある。少なくとも学内のショーでは、「女性らしさ」「男性らしさ」から解放されたアカネの演出を楽しみにしてくれる人が増えてきたし、最近では「男の子のスカートもありじゃない?」」なんて声も聞こえてくる。トランスジェンダーの友達はショーを見て、「ありがとう」と泣きながら言ってくれた。

それでもアカネの心が満たされることはない。友達も含め、まだまだ多くの人が本当の自分を隠し続けなければならないことを知っているから。

ヒョウ柄のトップスに厚底サンダル、そしてショートパンツ……。自分が大好きなギャルファッションを身にまとい、アカネは今日も問い続ける。

自分らしくいちゃ、ダメですか——?

◆才能とは何か?　ひなのが教えてくれたこと

勉強でも運動でも創作活動でも、一〇代がいずれぶつかることになるのが「才能」の壁ってヤツだろう。

ファッションに青春を捧《ささ》げる私の場合、それは笑っちゃうぐらい、すぐそばにそそり立っている。一年生の時からの親友「ひなの」の存在だ。

すでに学外のショーでもプロに交じってデザイナーを務めるなど、その実力は折り紙付き。ショーで作る衣装でも、自身のファッションや髪形でも、私たちの想像をはるかに超えるものを出してくるから、そのぶっ飛んだ世界観は「ひなのワールド」と呼ばれている。ただ、当の本人は「すごい」と言われることが極めて不満らしい。だって、「自分にとって完璧な作品は一つもない」と思っているのだから。

金、青、緑……。ひなのは色々な髪色を楽しんでいる。だが、髪形は毎日同じ。美容師さんから「二度見ボブ」と名付けられたオリジナルの髪形だ。

パッと見るとボブだけど、よーく見ると左右の肩に細い三つ編みが垂れている。「え、そこに三つ編み？」。今は慣れたけど、最初は思わず二度見。似合っているのも、衝撃だった。

独創性は、部が開くショーでも際立っている。赤いドレスの上にアメフトのプロテクターを着させたり、写真をつなぎ合わせて衣装にしたり。髪形と同じで「なんで、そこにそれ？」って感じなのに、衣装として成り立っているから不思議だ。

そのアイデアはどこから生まれるのか？　彼女に言わせれば、「大切なのはひたすら考えること」なのだという。

何にインスピレーションを受けたのか。コンセプトは何か。何を伝えたいのか。

これらを、メモしながらひたすら考え、デザインに落とし込む。ショーが近づくと、ひなのはお気に入りの喫茶店にこもり、何時間も一人、悩み続ける。

その作業は「涙が出るほど、つらい」らしい。なのに彼女は一つのショーを終えると再び、思考の無限ループに自ら身を投じる。

そんなひなのがたった一度、自分の作品に満足げな表情を浮かべたことがある。二〇一九年一月、「冬のショー」でのことだ。

「ハッピーバースデー」という全体テーマに対し、彼女は一〇八個のぬいぐるみをつなぎ合わせた衣装をぶつけてきた。作品名は「人間的」。女の子がもらう誕生日プレゼントの定番ぬいぐるみを煩悩の数（一〇八）だけ使うことで、欲望と向き合いながら生きる人間を表現したという。

「モデルが自分の作品を着ているのをみて、初めてうれしいと思った」。笑顔でランウェーを眺めるひなのを見て、私はちょっとビックリしたし、うれしかった。

「すごい」という言葉しか思い浮かばなかった私たちと、あの日、ひなのが頭の中で考えていたことは多分、違う。だけど、彼女が長い思考の末に何かにたどり着けたことだけは分かる。

そういえば、世界的デザイナーのココ・シャネルにこんな名言があったっけ。

〈天分は、持って生まれるもの。才能は、引き出すもの〉
才能とは悩み抜ける人にこそ宿るものなのかもしれない。

◆ラストショー。そしてそれぞれのランウェー

四月末のある日。JR吉祥寺駅前。私は一人、目の前に延びるランウェーをぼーっと眺めていた。この日、開かれる「吉祥寺コレクション（吉コレ）」を最後に私たち三年は部を引退する。

ひなのが「思ってたより、この二年は『秒』だった」って言ってたけど、仲間との時間はほんとアッという間だった。

最後のショーを前にした緊張とワクワク感、そして一抹の寂しさ……。正直、この微妙な感情に支配される時間がずっと続けばいいのにと思った。

「住みたい街ランキング」でも上位の常連になっている吉祥寺。その駅前で開かれる吉コレは、吉祥寺で活躍するファッションブランドが集う。私たち以外にも洋服屋や着物屋など様々な団体が衣装を披露する。

午後三時過ぎ、私たちの番がやってきた。

トップバッターは我らがエース、ひなののの作品「人間的」。一〇八個のぬいぐるみをつなげて作った例の衣装だ。

「おぉ〜」。長身の女子高生モデルがランウェーに姿を現すと、会場からどよめきの声が上がった。あまりの意外さに口を開けている観客も。よし。つかみは上々だ。

部長のアカネのテーマはもちろん「性への挑戦」。レース素材にリボンやフリルをこれでもかとあしらった衣装で、端正な顔立ちの男子生徒がレッドカーペットを進む。私たちが入学した頃はみんな驚いていたけど、今は明らかに違う。アカネの衣装は先鋭的な吉祥寺の空気と相まって、輝きを増し、観客たちの視線を釘付けにしていた。

そして、トリを飾ったのは私の作品。

最後の最後だから、自分の好きなものを思い切り出す！　というわけで、私が作ったのは、代名詞とも言えるピンクで全身を固めたデザインだ。

反応？　モデルが振りまくキュートな笑顔に、観客も思わずにっこり☆　自画自賛と言われようが、これまでにない完璧なフィニッシュを決めてやった。

ショーの最後、私たちはランウェーを歩いて観客にあいさつをした。その間、わずか数十秒。自分でもよくわからないほど、涙がわき出てきた。後悔はみじんもない。ただただ夢の中にいるような不思議な感覚だった。

ファッション部のバトンは、二年へと引き継がれた。新部長は、四月の新歓ショーで悔し涙を流したミクだ。「先輩たちの作ったものを壊さないようにします」って言ってたけど、むしろ遠慮せず、ガンガン壊してほしいなと思う。

というのも、私たち三年もまだ破天荒なことをやる予定だったりして……。いや、卒業式の日に体育館にレッドカーペットを敷いて、「卒業ファッションショー」を開きたいと思っていたり……。しかも、私とひなのはすでに卒業式実行委員会に入って布石を打っていたりして……。

えっ、アカネ？　彼女は今、大学合格に向けて猛勉強中。「性を超越するファッションブランドを作る」という夢を叶《かな》えるため、心理学や社会学などいろいろ勉強したいらしい。「ごめん。ショーの準備は手伝えない」。アカネが申し訳なさそうに切り出したとき、私たちは全力で応援したいと思ったし、別れと旅立ちの時が近づいているのを改めて感じた。

英語のrunwayには「滑走路」という意味もある。卒業式の日、私たち三人は体育館に延びるランウェーの先にそれぞれどんな未来を見ているのだろう。今はただ、それが待ち遠しい。

（二〇一九年五月一〇日号〜六月一四日号掲載）

Ⅳ

いま理系がアツい!!

日比谷高　雑草研究会——下を向いて歩こう　（東京都）

日本政治の中心・永田町の小高い丘にある都立ナンバー1の進学校・日比谷高校。アスファルトだらけの東京砂漠……緑の「み」の字も見あたらない……。な〜んて思っている人はきっと僕らの学校に遊びに来たらびっくりするだろう。

木々生い茂る校内は、都会の喧噪《けんそう》から隔絶された別世界。そんな都会のオアシスできょうも発見を求め、ひたすら草を摘み続けているのが、我が雑草研究会☆　通称・雑研（ざっけん）です！

初めまして、この物語の語り手で部ちょ……。

「みんなっ、新入生来たよ！」

あ、ちょっとすみません。

上から下りてきた元気系女子は三年のまりか先輩。実はうちの校舎、丘の斜面に沿うように建っていて、僕らの活動拠点の生物室は半地下にあります。このため他の理科系の部活とともに雑研は「地下部」って呼ばれてて……えっ、確かに「アングラ」っぽい？

◆雑草美女の超絶プレゼン

四月上旬は、新入生の勧誘時期。今日はちょうど、理科系部活を一気に見学する「地下部ツアー」の日なんです♪

おっ、二、四、六、八……。すごい、四〇人くらいいるっ！

「こんにちは！　私たち、雑草研究会は名の通り雑草を研究します！」

まりか先輩、バドミントン部と兼部だけあって声量大です♡

でも、二〇年近くの歴史を誇る我が雑研。活動は雑草を調べるだけじゃないですよ根《ね》っ？

「校内の庭『雑研ファーム』では、イチゴやブルーベリーも育てています。他にもアロマオイルの抽出実験をしたり、植物の繊維から紙を作ったり……」

ハイ、今度は部内一のクールビューティー「雑草美女」こと、フーミン先輩。そうそう、ほんと、活動は多様ですよ根《ね》☆

「校内を調べ尽くした先輩によると、植物の数はなんと約三五〇種！」と、まりか先輩。

「準絶滅危惧種や海辺の植物もあって、すごく奥深いんです！」

おおっ、一年生（特に男子）が目を輝かせている。さらに、フーミン先輩がたたみ掛け……。

「ところでみなさん、ツクシって知ってますよね？　あれと地下茎でつながっているのが、スギナって植物なんですけど」

うんうん、畑の雑草として知られているスギナ！　除草剤をまいても、地の底から何度も復活する厄介モノ、だけ土《ど》～？

「原爆で焼け野原となった広島は『二〇年草が生えない』と言われました。一番最初に生えたのがこのスギナらしいんですよ」

おおおおおおお。

どよめき来たぁ。「雑草美女」の知識に、誰もが驚嘆です♪

この部では、二年生の九月に文化祭を終えるといちおう引退。理由は多くが東大受験に備えるため。でも進級後もこんな節目には来てくれているんです。

「じゃ最後に、現部長のめじろ君から一言お願いしま～す」

え？　ウソ？　え？　ヤダ。

「ほら、部長なんだから」

「ハ、ハイ……。えーっと」

ああっ、みんなの視線が……。どうしよーどうしよー（困）。

「この部は楽しいですっ！　だからみんな、き・て・根《ね》～☆」

一瞬の沈黙。の後に、部員や下級生からどっと笑いが……。

「カワイイ（笑）」

「ずきゅーん（笑）」

遅くなりましたが初めまして、二年で部長のめじろと申します。本当は、雑草みたいに目立たず生きていたいんですけど根《ね》。やっぱりこの物語の語り手は、僕が務めるしかないようで……。

◆雑食を食べた本当に苦い思い出

雑草を「食べる派」と「食べない派」。

雑草をこよなく愛する雑研ですが、決して相いれることない二つの流派（？）が存在します。二年で部長の僕、めじろは何派かと言うと、はい、もちろん、断・然・後・者です!!

あれは忘れもしない一年前のこと。入部直後で、雑草研究に燃えていた僕に、先輩たちがあるものを食べるよう薦めてきたんです。

深紅に染まったその小さな果実は、ヘビイチゴってヤツ。名前がフルーツっぽいし、もしかして甘いかも……なんて思った自分が甘かった。

パクッ　もぐもぐもぐ。

「何だ、これっっっっ⁉」

味は一言で表現すれば、微妙な苦み、以上。もちろん無毒で、ジャムにもできる雑草です。

ただ、まずいと思ったら、急におなかが痛くなってきました。

顔をゆがめる僕に追い打ちをかけたのが同級生の一言でした。

「虫でも入ってたんじゃね？」

げっ!!　……雑草食の初体験は、まさに苦い思い出となりました。

一方、「食べる派」の代表と言えば、同級生のみずの君。僕の親友です。雑草への造詣の深さから「博士」とも称される彼は、そのへんに生えているノビルを採っては家に持ち帰って、天ぷらにしたりしています。

「雑草といっても、毒さえなければ、たいがいは食べられるよ。おいしく感じるものと、そうでないものがあるだけさ」

そうさらりと言ってのける天性のたくましさは、多くの部員の尊敬を集めています。

先代の部長、福野先輩も「食べる派」でした。今でも思い出すのが、バレンタインデーです。満面の笑みで生物室に入ってきて、

「はい、これあげる。チョコの代わり」

と、フキノトウの天ぷらを僕に差し出しました。

すでに「食べない派」だった上に、そもそも福野先輩は女子ではなく男子。テンションがダダ下がったのは言うまでもありません。

それでも「おいしいから」と強く薦められ、そこまで言うなら、もしかしたら……と淡い期待を抱いた自分が甘かった。

パクッ　もぐもぐもぐ。

まあ……まずくはない……。

けど……苦いし、やっぱ苦手かも……。

その日の夜、僕は再び腹痛に襲われる羽目になりました。

フキノトウは料亭でも出されるような立派な山菜。腹痛は完全に苦手意識から来る心理的なものだと思います。ただ、二度の苦い思い出は、「雑草は愛するが、食さない」という立場を僕に決意させました。

ちなみに、僕のお気に入りの植物は「ナス科」。みそ汁との相性抜群のナスのほか、トマトもそう。実がいちいちどれもカラフルでカワイイ‼　ついついウットリしてしまいますよね……☆

ナスもトマトも雑草とは呼ばれないし、もちろん腹痛になるわけもなく……って、みずの君、手に持ってるそれ何？

「これはカタバミだよ。ちょっと酸味があるけど食べてみる？　『シュウ酸』が含まれてるから大量摂取は良くないけど」

「食べません‼」

すっぱい思い出も、今のところ全くいらないです。

◆コケ世代とシダ世代

校舎の半地下で活動しているため、「地下部」なんて、ちょっと怪しげな呼ばれ方をする僕たちですが、学年ごとにテーマとなる植物を決めて、ちゃーんと真面目に研究もしています。

例えば、この春卒業した先輩たちのテーマは「シダ」。その一つ上の先輩もシダを研究していたから、「第二シダ世代」と言った方がいいかもしれません。彼らは二年がかりでシダの分布を調べたので、秋の文化祭で発表された研究結果の緻密さたるや、専門家顔負けでした。

さて、二年続いたシダの後、どんな植物を選ぼうか？　今の三年生は苦悩したそうです。

結局、選んだのが「コケ」。

シダもそうですが、コケも花が咲かないので種類の識別はそのぶん難しくなります。葉ものすごく小さいのでピンセットでつまむのも一苦労。そして何より、地味……ですよね。

「先生、僕たちコケやります」

前部長の福野先輩がそう申し出たとき、僕らの部の担当で、学生時代に植物学が専門だった生物の佃《つくだ》先生も「えええっ」と驚いたようです。

コケそうになった、と♡

かくして「コケ世代」は文化祭に向け、研究を始めました。

緑色の小さな葉をスライドグラスに載せては顕微鏡で熱いまなざしを注ぐ先輩たち。福野先輩を始め、個性的なメンバーがどんな発表をするのか、僕らはすごく楽しみにしていました。

そして迎えた九月の文化祭。先輩たちは見事に結果を残しました。コケの研究をポスターで発表するだけでは一般客のハートを射止められないとふむと、お手製の「どくだみ茶」で来場者をおもてなし。さらにプレゼントがもらえる「雑草クイズ」で場を盛り上げたのです。

特に、クイズ全問正解者に贈られたプチサボテンは子どもからお年寄りまで大人気でした。

コケティッシュだ、って根《ね》♪


そういえば、僕が雑研に入ったのも、一つ上のコケ世代のおかげです。

高一の四月、僕ら新入生向けに開かれたオリエンテーションで彼らが披露したのは伝説の寸劇「雑草戦隊雑研ジャー」でした。

まずステージに現れたのは「草刈り機」役の男子。「日比谷高の雑草を一掃してやるぜぇ」と暴れまくります。

そこに、「そうはさせない」と赤、青、緑のカラフルなTシャツを着込んだ三人が登場。元気いっぱいまりか先輩、イケメンのひろみち先輩、そして、明らかにノリノリな二人についていけていない福野先輩が、「雑草にだっていいところがある」と猛アピールしたのです。

「緊急時の食べ物になる！」「土をきれいにしてくれる！」「勉強で疲れた心を癒やす！」

「くっ！　きょっ、今日のところは見逃しておいてやる」

草刈り機はこうして退散し、平和が訪れる……。シュールすぎる展開でしたけど、僕は「なんか楽しそうだなー」って感じたんですよ根《ね》〜。雑草への愛を感じたというか。

で、そんなコケ世代の後を継ぐ僕たち二年生が何を研究するかというと……「カミ」、です。特定の植物ではなく、繊維の多い雑草から紙を作るというハイレベルなものなのですが……。

「カミ世代」の挑戦は道半ば。秋の文化祭をめざし、日々研究を続けています。

◆先生と雑草女王　最後の夢

雑研にはエッジが利きまくった伝説の先輩がいます。

ミナ先輩。

コケ世代のさらに一つ上で、二〇一八年春に卒業した「第二シダ世代」。後輩の誰もが畏敬の念を抱く彼女は、まさに「雑草女王」と呼ぶべきお人なのです！

普通、雑研なんて珍しい部活、入学して初めて知って「のぞいてみるか」くらいですよね《ね》!?　でも三年前、彼女は担当の佃先生に目をキラキラさせながら言ったそうです。

「雑研があるから日比谷に入りました」

なんと♪　この学校は、受験対策のための塾があるほどの難関高。入学の動機って普通、難関大学への進学とか、校風だと思うのですが……。

その後も彼女のケタ違いの探求心に、佃先生は度肝を抜かれ続けます。

「先生、このシダは何ですか!?」

「これは何の芽生えですか!?」

「これは食べられますか!?」

休み時間になるや否や外に飛び出し、草を摘んだり写真を撮ったり……。うちの学校では

二、三時限目の間の休み時間が五分しかないのですが、そのわずかな時間でさえ、雑草探しをしていました。
そうそう、ある時は、用務主事さんにこう伝えたといいます。

「スケッチしたこの草、観察中なので抜かないでください根《ね》☆」

なんと‼ お目当ての雑草に赤いテープを巻き付け、刈らないように保護したのでした。

ミナ先輩のすごさは、学業でもズバ抜けて優秀だったこと。東大模試では「A」判定が当たり前。普通なら「B」が出ただけでもうれしいのに……。受験前でも、ミナ先輩は後輩の面倒を見てくれました。

そして当然のように東大に合格。みんなが驚いたのは、あれほどの植物好きなのに、入ったのが文科1類だったということ。

「私、雑草観察は、純粋な趣味にしたいんだ☆」

さらりと、そう言ってました。

そんなミナ先輩を佃先生は応援し続けています。

〈先生　花の大学生が藪《やぶ》の中に入っていると変人扱いされそうなので、今は控えています〉

〈構わない。やりなさい〉

二人は、今でもメールでこんなやりとりをしています（笑）。

実は佃先生は六四歳で、もう教師生活のラストイヤー。退職前にこれまでの研究を残そうと、二人は今、撮りためた雑草や樹木の写真を図鑑の形にまとめようとしています。

たたき台は、雑研ができて数年後の二〇〇三年にＯＢが中心となって作った「日比谷高校野草図鑑」。わら半紙に、校内で見つけた約一七〇種類の植物を写真で紹介しています。

ただ、植物の分布は時とともに変わるもの。「図鑑をリニューアルしたい」という二人の夢に、協力するのは僕たち現役世代の使命でもあります。

残された時間は短い。雑草の魅力を教えてくれた佃先生の教師生活のラストに草……じゃなくて花を添えたい。


過去の雑草は消えたのか？

未知の雑草は生えているか？

僕たちは、きょうも下を向いて歩いています☆

（二〇一八年五月四日号〜五月二五日号掲載）

普連土学園　理科部——夢をのせて、発射！　（東京都）

ウィィィーーン、ガガガッ。

東京タワーの近くに臨む校舎の一室に、武骨な工作音が響きわたる。

「エミコ、今日も早い‼」

高一のネネは慌てて理科室に駆け込むと、電動ノコギリを器用に操る同級生に軽く手を振った。制服はすでにベニヤ板の削りカスまみれ。女子力という言葉とはほど遠いキャラだけど、一心不乱に作業するエミコの並外れた集中力は、彼女らのプロジェクトには欠かせないものだったりする。

いつもの場所に座ったネネが取り出したのは発泡スチロール。カッターナイフを取り出して、小さな穴をせっせと作り始めた。すぐ隣では、同じく高一のモモカとリサがヤスリで何かを黙々と削っている。

理科部というよりは、どこかの工務店と言った風情だが、高一女子四人組が取り組むのは、理系の憧れと言ってもいい大プロジェクト——大型ロケット製作だ。

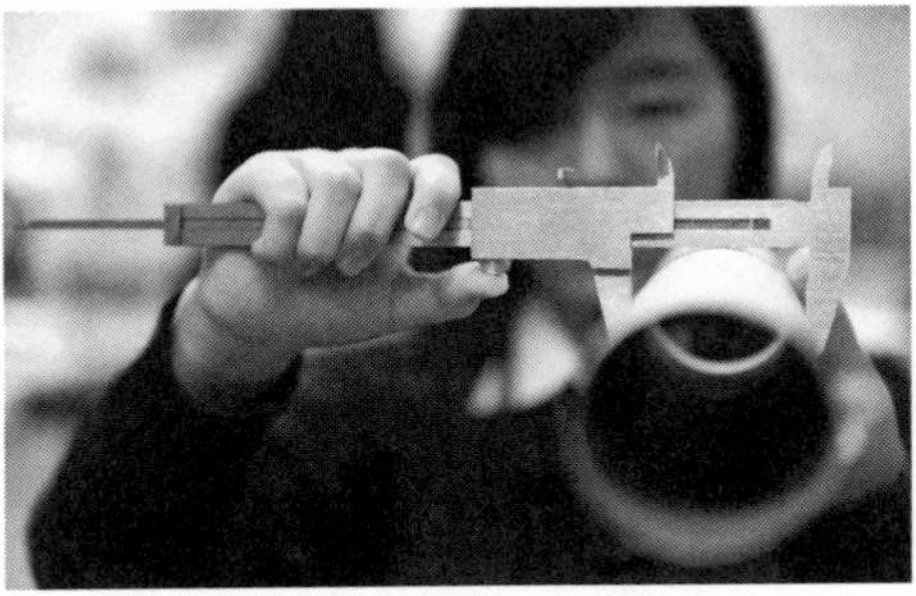

◆空飛ぶマーブルチョコ

「おお、ゴリゴリのリケジョの話か」と思った人、ちょっと違うかも。なにせ主人公のネネは中高一貫の普連土学園に入った頃、理科には全く興味がなかったのだ。

入部の理由は、他の部活と違って「あんまり上下関係がなさそうだった」からだし、ロケット班を希望したのも「ロケットって超楽しーよ。一緒にやろーよ」とハイテンションで話しかけてくる先輩に圧倒されたため。顧問の松本良介《りょうすけ》先生の「ロケット班は大変だよ」という言葉も当時はあまり気にとめなかった。

彼女らが研究しているのは、厚紙や木材、プラスチックなどで作ったモデルロケットを正確に飛ばす技術。ロケット花火のように、推進薬（火薬）を燃焼させて生じたガスを後方に噴射し、その反作用で上空に飛ばす仕組みだ。

火薬を扱う上、小型の模型ロケットでも最大速度は時速一八〇キロメートルに達することもあり、打ち上げには日本モデルロケット協会が認定するライセンスの取得が求められる。このため、ロケット班のメンバーが最初に経験する打ち上げは必然的に、小型ロケットを飛ばす、最も簡単な四級ライセンスを取得するとき、ということになる。

ネネは中一の夏休み、ライセンス取得の打ち上げに臨んだ。先生や先輩に言われるままに、マーブルチョコの筒をカッターで加工する。空気抵抗を減らすため、先端に木材をヤスリで削った円錐《えんすい》形の「ノーズコーン」、内部にはパラシュートを装着。軌道を整える尾翼（フィン）を胴体につけ、火薬が装填された専用のエンジンを筒の中にセットし……。

「よし、完成‼」

見よう見まねで約二カ月かけて作り上げた小型ロケット。エミコらが打ち上げに成功したのに続き、ネネは火薬に点火するコントロールボタンを「えいっ‼」と押した。

シュ――――。

鋭い音と共に発射台から飛び出した小型ロケットは、空を突き刺すようにぐんぐん上昇。秋空のど真ん中でパッとパラシュートを開いた。

「お菓子の筒が、飛んだ……‼」

初の打ち上げは、製作期間二カ月にして、滞空時間はわずか三〇秒。だけど、空飛ぶマーブルチョコの真っすぐな軌道はネネにとって、一生忘れられない特別なものとなった。

理科部に新たな歴史を刻むことになる〝ロケット女子〟誕生の瞬間だった。

◆大型ロケットにロックオン！

その刺激的な挑戦は、小型ロケット打ち上げにようやく慣れてきた中二の終わり、またもや例のハイテンションな先輩の一言で始まった。

「大型ロケットの全国大会があるらしいよ‼　ロケット甲子園って言うんだって」

‼　なんてベタなネーミング、と思ったかどうかは別として、甲子園という言葉の響きには、やはり心くすぐられる。しかも、高校生だけじゃなく、中学生も参加できるというから、何だか飛び級みたいでカッコいい。

「大型ロケット、ちょっとやってみたいかも」

それがネネの直感。同学年のモモカもリサもエミコも同じ意見のようだ。四人とも大型打ち上げに必要な三級ライセンスは持っていたので、話題はすぐに「大型ロケットって、どうやって作るのか？」に移っていた。

「……。う〜ん、参った」

異様に盛り上がるネネらを横目に、理科室の隅っこで一人不安を募らせていたのが、顧問の松本先生だ。

もともと専門は、物理ではなく化学。ロケット打ち上げの指導講師ライセンスは持っているが、打ち上げてきたのは、エンジンの火薬量が二〇グラム未満のいわゆる小型ロケット。それ以上の火薬を使う大型の打ち上げは、経験したことがなかった。

おまけに彼女たちが目指す「ロケット甲子園」は超ハイレベルな技術が求められる。ただロケットを飛ばせばいいわけではなく、決められた高度までいかに正確に飛ばせるか、発射から着陸までを指定された時間内に収められるか、などを競う。

もっと大変なのが、「卵対策」だ。大会では、ロケット内部に人に見立てた生卵を搭載する。ロケットが回収された際にこの卵が割れていたら記録なし。ロケットは基本、人やモノを上空に運ぶ手段だから、中の安全が保たれないようでは意味がない、というわけだ。

「ロケット甲子園はきついぞ、相当な覚悟もいる。会場も秋田県だし、遠いしさ……」

松本先生は少し困った顔をしてつぶやいてみたが、時すでに遅し。ネネらの心は完全に大型ロケットモードになっていた。

◆ぶっつけ本番の初挑戦

と、いうわけで始まった大型ロケット作り。これが、いざ作業に取りかかると、思いのほか、大変だった。

例えば、小型の時は発泡スチロール板で作っていた部品が木製のベニヤ板になる。今まではカッターで十分だったのに、今度は電動ノコギリを正確に使いこなさなければならなくなる。

小型と違って部品も多く、製作は分業体制に。具体的には、

▽ネネ：高度計と卵を搭載する「ペイロード」担当
▽エミコ：エンジンをセットする「エンジンマウント」担当
▽モモカ：空気抵抗を減らす先端の「ノーズコーン」担当
▽リサ：パラシュートの放出機構担当

といった感じで、一人でも作業をサボれば、全体に迷惑がかかることになる。

悪戦苦闘の末、記念すべき第一号（全長九一センチメートル）が完成したのは中三の八月、ロケット甲子園の三日前のことだ。

モデルロケット愛好家に「問題なく飛ぶのでは?」とお墨付きはもらったものの、試射する時間も場所もなし。実際に飛ぶかどうかわかるのは、ロケット甲子園当日という、まさしく〝ぶっつけ本番〟の初挑戦だ。

大会前、四人はそれぞれの頭文字をとり、チーム名を「MERN《メルン》」と名付けた。

◆四人のロケットが秋田を飛ぶ

二〇一七年八月下旬。ネネはモモカ、エミコ、リサとともに秋田県能代市にいた。高校バスケの名門、能代工で有名な県北の地方都市だが、実は毎年、ロケット甲子園の会場にもなっている。

初めて作った大型ロケットをひっさげて、大会に挑む四人。参加七チームのうち、中学生のみはネネらのチーム「MERN」だけということもあり、結果というより、まだ見ぬ自分たちの大型ロケットの軌道への期待に胸を膨らませていた。

一回目の打ち上げ。エンジンの点火ボタンを押した瞬間、

「ゴーーーーーッ!!」

七カ月かけて完成させた愛しのロケットは空気を切り裂くような鋭い音とともに、あっと

いう間に青空に消えた。

見事な成功。目標高度二四四メートルに対し、二〇三メートルを記録し、四人は歓喜のハイタッチを繰り返した。

二回目はロケット内部に搭載した生卵が割れて記録なしとなったものの、最終成績は七校中四位。初めてにしては上々の結果に「もう少し頑張れば、強豪校に勝つのも夢じゃない‼」。帰りの新幹線で四人は早速、翌年のリベンジを誓った。

だけど……。

◆みんなで悩めば怖くない

年が明けると、ネネの足は次第に理科室から遠のいた。

興味がなくなったわけではない。ただ純粋に怖かった。

ロケット甲子園での優勝には、自分の担当分野である「生卵対策」は絶対条件。だが、二〇〇メートル以上の高さから降下する衝撃から、いかに卵を守るか。アイデアが思い浮かばなかった。

周囲を見れば、リサもモモカもエミコも自分の担当分野で次々と改良を加えている。「こんなふうにしてみたけど、どう?」なんて、目をキラキラさせる仲間を見る度に焦りが募った。

極めつきは、五月に発表された二〇一八年の大会規定。前年は二個だった生卵が増量されて三個になっただけではなく、降下する時に使うパラシュートのルールには目を疑った。

直径五センチ‼

パラシュートっていえば、大型なら少なくとも四〇センチはあるもの。なのに五センチって‼　ネネは絶望で頭の中が真っ白になった。

夏休みに入った直後、ネネはモモカたちに呼び止められた。

モモカが真剣な表情で、こう切り出した。

「みんなで一つのものを作っているんだから、一カ所でも抜けていたら完成しない」

その先は聞かなくても分かる。大事な役割を担っているのに、最近は全然、理科室に顔を出してない。みんなが迷惑してるのは、私だってわかって――。

「大変なのはわかるし、一人で抱え込まなくていいよ。みんなに相談しようよ」

えっ?　一瞬、驚いた表情をしたネネに、リサとエミコも、そうだよ、と頷《うなず》く。

た、確かにそうだよね。そっか、私、みんなに相談すればよかったんだ。何で一人で悩んでいたんだろう。あまりにズバッと言われて涙も出ない。

「ごめん。そうだった」

ネネはペコリと頭を下げた。

とは言っても、ここまで来ればできることは限られる。生卵を守る内部構造は大きく変えず、ひとまず規定が変わったパラシュートに集中することに。

作戦は——ひたすら作って、たくさんつける!!

土壇場で復活したチーム「MERN」による気合のパラシュート製作はロケット甲子園に向かう新幹線の車内でも続いた。

◆開け！　ミニパラシュート

二〇一八年八月二〇日、ロケット甲子園当日。決戦の地・

秋田県能代市の空は、どこまでも青く晴れ渡っていた。

絶好の打ち上げ日和。会場に着くと、すでに他校の生徒たちが自前のロケットを手に、最後の調整を進めている。

優勝候補の埼玉の大宮工業、地元の強豪・能代高校……。参加するのは全部で五チームだけど、前にも話したように、大型ロケットの製作には超ハイレベルな技術が必要。ここに集っているのは全国有数の中高生ロケット職人たちと言っても過言ではない。

ただし、ネネらチーム「MERN」はちょっと寝不足気味。直径五センチメートルのミニパラシュート製作がなかなか終わらず、宿舎でも深夜まで作業を続けていた。

もちろん「小さければ、たくさん付ければいい」との仮説を検証する時間もなかった。ロケット甲子園に初めて参加したとき、「来年はリベンジする」と誓ったはずなのに、結局は今回も〝ぶっつけ本番〟に。

「頼むから、開いて。ミニパラシュート……」。機体検査を終え、ネネは祈るような気持ちで仲間と発射場所に向かった。

ここでロケット甲子園のルールを簡単におさらい。

この大会は、あらかじめ設定された目標高度と滞空時間に、いかに近い記録を残せるかで争う。ロケットを安全に地上におろす技術も問われ、着地した際、ロケット内に搭載した生卵三個のうち一つでも割れたら記録なしに終わる。

戦略も重要だ。打ち上げは計二回行い、良い方のスコアがチームの得点になる。だから、各チームは一回目の結果を踏まえ、二回目にはロケットを微修正して臨む。

前回で言えば、チーム「MERN」は一回目の打ち上げは成功したものの、優勝するには、高度が足りなかったため、二回目の発射では生卵を守る緩衝材を減らしてロケットを減量。結果的に生卵が割れ、二回目は記録なしに終わっている。

と、言うわけで、試合の流れを決める一回目の発射。

「いくよ」。カウントダウンの後、リサが緊張した面持ちで発射スイッチを押す。

ゴーーーーッという音とともに空高く上がっていくロケット。下から見る限り、きれいな軌道。あとは、ミニパラシュートがちゃんと開き、空気抵抗を受けてくれるかどうか……。

ロケットが上昇を止めた瞬間、パッと姿を見せたミニパラシュート×三五個。「よしっ!!」。一瞬、目を輝かせたネネだったが、その表情はすぐに失望に変わった。パラシュートは空気をつかむことなく、リボンのようにひらひらと舞い続け、チーム「MERN」の夢を乗せたロケットは無残に地面に打ち付けられた。

ロケットを回収し、記録を測るテントまで持っていく。ネネはついさっき、自分でセットしたばかりの卵を触った。ぐにゃり。柔らかい感触。ダメだ。

「卵一個割れ」。審査員が大きな声で宣言した。一回目は記録なし。

絶体絶命の状況の中、唯一の希望は目標高度約二六〇メートルに対し、約二四九メートルの高さを出せたこと。全五チームの中でも圧倒的な正確性だ。ここでチームは大きな決断をする。

「次もパラシュートが十分に機能する保証はない。高度は多少、犠牲にしてもいいから、卵を守る緩衝材を増やそう」

◆三つの卵は無事か？
二回目の発射を前に、チームMERNの作業テントは慌ただしかった。ロケットに搭載する生卵を守る緩衝材を増やすためだ。

緩衝材といっても、要は、割れ物などを梱包《こんぽう》する時に使うプチプチできるシートと、果物を包むフルーツキャップ（あの網目状になった白いヤツ）。

多少の重量アップはかまわない。落下時にどんな力がかかるのかを推測し、弱そうなところを狙って緩衝材を詰めた。

どこまで防御力がアップするかは分からないが、人事を尽くして天命を待つ。四人は覚悟を決め、発射台に向かった。

二回目も発射スイッチを押すのはリサだ。

「3、2、1」。カウントダウンを終え、離陸したロケット。今回も軌道はバッチリ。ミニパラシュートは相変わらずイマイチだが、これも想定の範囲内だ。

回収したロケットの高度を確認。二回目の目標の二五三メートルに対し二三三メートル。悪くない。あとは卵三個が無傷かどうか——。

ネネは意を決し、緩衝材を取り除き始めた。

「一つ目オッケー」。審査員が宣言する。二つ目も無事。そして運命の三つ目は……

「オッケー!!」

「きゃぁぁーーー」。モモカ、エミコ、リサの三人は悲鳴のような叫び声を上げ、跳び回った。一方ネネは、全身の力が一気に抜けた。記録が、残った。

◆世界に飛び立て　私たちのロケット

チームが残せたのは、記録だけではなかった。

その後、行われた表彰式。「優勝チーム……普連土学園、チームMERN‼」

強豪校がロケットを見失うなどのハプニングがあったものの、記録を残せた三校の中でも圧倒的な好成績。難度の高い今回の規定に苦しめられたのは、自分たちだけじゃなかった。

想定外の結果に喜びを爆発させた四人——となるところだけど、表彰式後、四人が見せたのは少し複雑な表情。実は優勝校には、二〇一九年六月にパリ航空ショーで開催される国際大会への出場権が与えられる。世界の強豪と渡り合うにはどうすればいいのか。喜びよりも緊張と不安が心に押し寄せてきた。


二〇一九年が明けたいつもの理科室。四人は国際大会出場に向けて、真剣な表情で作業にあたっていた。いつもは電動ノコギリの音が響き渡るのだけど、最近は少し様子が違う。

課題の一つがサイエンス・イングリッシュ（‼）。国際大会では、ロケットを飛ばすだけでなく、工夫した点を英語でプレゼンしないといけないのだ。

「空気抵抗……う～ん。エア・レジスタンス？」「おっ、そのままだけど正解♪」なんて、繰り返し。大会までにやらなければならないことが山ほどある。

一方、ネネの手にあるのは、卵を守る新兵器・発泡スチロール。強豪アメリカのチームが使っているのを動画で見た。今は、これで生卵が動かないように固定する方法を実験中だ。

かる～いノリで始めたロケット製作。無我夢中でやっているうちに気づけば、パリの空を目指すようになっていた。

最近は〝ロケット女子〟と呼ばれることもあるけれど、確かに。この四年、私たちが経験した〝変化〟は大型ロケットが描く軌道そのものだったかも。

どこまでも繊細で、どこまでもまっすぐに。世界でも、私たちらしい軌道を見せつけたい。

ネネはそう思っている。


（二〇一八年一二月七日号～二〇一九年一月一一日号掲載）

長浜高　水族館部――教室に大海原（愛媛県）

◆ブサかわオコゼにハリセンボンと

「いらっしゃいませ！」

「お越しいただき、誠にありがとうございます！」

街角のラーメン屋、ではない。ここは愛媛県立長浜高校の生物室。水族館部の活動は、いつもこのあいさつで始まる。

教室二部屋と廊下に並べた水槽で、ウツボやタイなど約一五〇種類、約二〇〇〇匹の生き物を飼育し、展示するのが部の活動だ。

「きょんちゃん、水槽がちょっと汚れとったから、お客さん来る前にもう一回磨いておいてな」。京子は顧問の小松晃先生に声をかけられた。

そう、今日、第三土曜日は月に一度、京子たちの「水族館」を一般の人に公開する日なのだ。部員一九人にとっては腕の見せ所で、毎日のあいさつもそのための練習ってわけだ。

その昔、長浜には小さな水族館があった。京子が生まれる前に潰れてしまったが、生物を教える小松先生が「もう一度、町に水族館を」という熱い思いで一九九九年に水族館部を作った。

水槽には、業者から購入した生き物もいるが、地元の漁師さんから「先生、また変な生き物が網にかかったぞ」なんて電話がかかってきて、それを譲ってもらうこともしばしば。だから、真っ白のナマコなんて珍しい生き物もいる。

コキュコキュコキュ……。プラスチックのヘラで水槽のガラスを磨く。ハリセンボンのポンちゃんは、京子がいるとこっちに泳いできて「エサをくれよー」って水面に出した口から水を飛ばしてくる。

「はいはい、分かったよ」。冷凍イカをつまんで水に落とすと、パクッと食いついた。「うんうん。みんな今日も元気だ」

午前一一時。校舎前で並んでいた子ども連れが、ぞろぞろと入ってきた。部員はそろいのはっぴ姿で出迎える。

「あ、クマノミだ！」。映画「ファインディング・ニモ」でおなじみのカクレクマノミは子どもたちに大人気。

「このブサイクな魚、何？」

小学生の男の子が、目を輝かせて聞いてきた。京子たちの出番だ。

「オコゼって言ってね、背びれには毒があって、刺されると死んじゃうこともあるんだ。水を換える時は注意しないといけないいんだよ」

「ほんまブッサイクやな！」

ひどい言われようだけど、お客さんが興味を持ってくれると、がぜんやる気が湧く。いつか、このブサかわいさを分かるようになる……はず。

京子が長高に入ったのはこの水族館部がきっかけだ。一つ上の兄が通っていたこともあって、中三の夏、学校見学に来た。部室を訪れると、魚たちがウロコをキラキラと輝かせ、悠々と泳いでいた。とてもキレイ。「絶対に水族館部に入る！」と決心した。

午後三時に公開は終了。お盆と重なったためか、今日は一段と来場者が多かった。立ちっぱなしで足がパンパンだ。

「今日の来場者、過去最多の七七七人だって！」。同級生のミカが叫ぶ。

「すごい！」。京子は思わず声を上げた。

クラスの友達からは「水槽がくさい」とか、「魚のどこがいいの？」とか散々言われるけど、魚と触れ合えるから、水槽に手を入れて磨く時が京子にとって一番幸せだ。今、欲しい物を聞かれたらきっと「おっきい水槽！」って答えるだろう。足まで水につかって、じっくり掃除できるから。

あぁ、早く明日にならないかな。またポンちゃんにエサをあげるんだ。

京子の一日はこうして終わりを告げる。

◆名もなきメダカと新入部員

しみのついた木の床を踏むと、ミシッと音がした。先に生物室に来ておしゃべりしていた何人かが、一斉にこっちを向く。

「あ、こんにちは。与田です。今日からお世話になります」

二年生になった二〇一五年四月、与田はドキドキしながら生物室の門をたたいた。一年の

時は友達に誘われて空手部に入ったものの、実は毎日、黙々と魚の世話をする水族館部にひそかに憧れていた。地道にコツコツやるのって、結構好きなんだよな。意を決して空手部の顧問の先生に頭を下げ、転部を申し入れた。

「じゃあ、みんな、希望の水槽に手を挙げて」

三年のムラタ部長が年度初めに行ったのが、一〇〇個くらいある水槽の担当者の割り振りだ。一九人の部員がそれぞれ水槽を受け持ち、エサやりから掃除まで責任を持つ。

「ヨッちゃん、何にする？」

横のヤマムラが聞いてきた。

「うーん、ウツボとかタイはかっこいいよな。ヤマムラは？」

「オレはカクレクマノミかな。やっぱ、かわいいし」

「水槽ドラフト会議」が始まると、みんなどんどん手を挙げて希望の水槽を指名していく。「でもオレ、入部したばっかだし、そんなに出しゃばるのは良くないよな。どうしよう」なんて与田が逡巡《しゅんじゅん》しているうちに……。

「最後は川の魚。まだ決まってないのは、えーっと、与田な」

まじかよ。与田は頭の中が真っ白になった。

グズグズしていた結果、川の魚、すなわちメダカになってしまった。メダカなんてどこにでもいるし、地味だし……。

沈んだ顔をした与田に、クマノミ担当になったヤマムラが声をかけた。「メダカの水槽も、水草とか入れたらきれいじゃん」

顧問の小松先生には入部してすぐ、「生き物を育てるんだから、責任と愛情を持たないといかん」と言われた。メダカに愛情は湧かなかったが、与田は毎日、水槽を磨いた。

「わー、ポンちゃんに水かけられたぁ☆」

隣では、ハリセンボンの水槽を担当する京子が嬉々《きき》として掃除している。魚に名前までつけて、楽しそうだ。与田のメダカは個体の区別が全くつかない。

水槽も、教室内ではなく廊下にある。第三土曜日の公開日も、メダカの前で足をとめてくれる人なんていなかった。

入部から三週間が過ぎた頃、異変が起きた。

「え、ウソ。昨日までみんな元気にエサ食べとったやん」

放課後、水槽を見たら、一匹が白い腹を見せて浮かんでいたのだ。昨日の水換えがいけなかったのだろうか。与田はショックで頭の中が真っ白になった。水族館部では魚が死ぬと、土に埋めて供養する。名もなきメダカはその日、中庭に埋められた。

翌日も一日憂鬱。授業どころじゃなかった。与田は自分でもびっくりした。まさか、こんなにメダカを好きになっていたなんて……。

七月の公開日。いつもは素通りされるメダカ水槽の前で、五歳ぐらいの男の子が立ち止まっていた。メダカを見つめるその真剣な表情に、与田は声をかけることができなかった。正確に言えば、メダカに興味を持ったその男の子の姿を見ていたかっただけかもしれない。

「見てくれる人は、見てくれる」。働きぶりが認められたような気がして、うれしかった。

「やっぱ、入部して良かったわ」。帰り道、与田がヤマムラに言うと、「良かったな」と返ってきた。

◆カクレクマノミの謎を追え！

二〇一四年八月、夜。鈴虫が鳴いて夏休みも終わるというのに、生物室はじっとりと蒸し暑い。香織は顕微鏡から顔を上げ、ため息をついた。

「どう、香織？」「ダメ。反応変わらず」

香織は横に座るミカに、苦笑いで答えた。そのミカもほおづえをついてポツリ。「いいなぁ、クマノミとイソギンチャクは楽しそうで……」。たしかに。一カ月も実験を続けて成果がないのはキツい。

香織たち一年生二人は「チーム・ニモ」と呼ばれる研究班だ。オレンジ色の体につぶらな瞳が特徴のカクレクマノミは、敵から身を守るためにイソギンチャクに隠れて暮らしている。でも、イソギンチャクには毒針があるのに、なぜクマノミは刺されないの？　香織たちはそれを調べている。

今はイソギンチャクが毒針を出す条件を探っているところ。触手をいろんな溶液に浸して針でつつき、どういう時に毒針が出ないのかを調べている。海水中の物質に反応していることまでは分かったけど、それが何かが分からない。

「また明日がんばろっか」「うん。お疲れ、香織。おやすみ、イソギンチャク。今日もたく

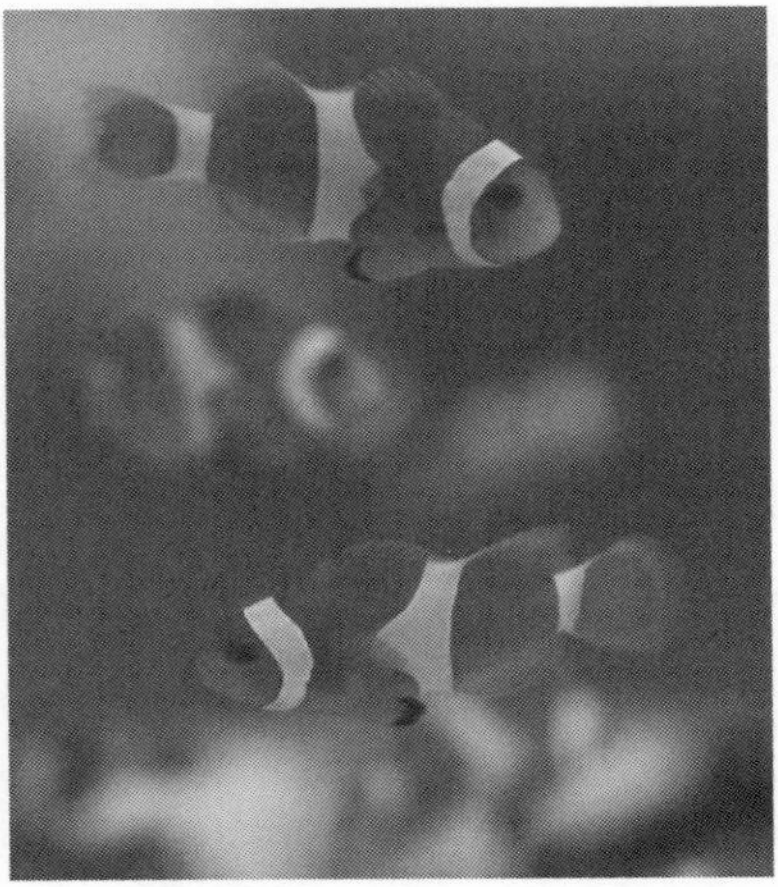

さん触手を切ってゴメンね」

　生物室の時計は午後一〇時を回っていた。果たして今の研究のやり方でいいんだろうか。研究結果は一カ月半後、日本学生科学賞に応募する予定で、香織たちは焦っていた。

　夜道を父親と家に向かいながら、香織は今日の実験結果を話した。

「そうか。海水にはいろいろ含まれてるからな。カルシウム以外の溶液でも、試してみ」

　実は香織の父親は水族館部顧問の小松先生。彼女が海の生き物に興味を持ったのも、父親の影響だ。

　ほかの成分か。なんだろ。ナトリウム、カリウム、マグネシウム……。そうだ、明日はマグネシウムでやってみよ。

◆顧問の先生も驚く発見

「これもダメや。ミカ、次お願い」「うん、いくよ」

香織が顕微鏡をのぞき、ミカがシャーレをセットする。マグネシウムに取りかかって一週間。徐々に溶液の濃度を上げて、今日は海水の倍の濃度で試してみる。これでうまくいかなかったら、別の物質でやり直しだ。また、ダメか。

シャーレに焦点を合わせた瞬間、香織は息が止まった。

「……出ないよ。ミカ、毒針出ない！」「うそ！　うそやろ⁉」

イスから勢いよく立ち上がり、二人は顔を見合わせた。ついに突き止めた。マグネシウムやったのか。イソギンチャクの毒針が出ないようにしていたのは。

その後、クマノミの体表からも海水の二倍の濃度のマグネシウムが検出された。この結果はクラゲの毒針の研究にも応用できる。まるでラジウムを見つけたキュリー夫人？　いや、青色発光ダイオードを開発した中村修二先生？

「うちら、間違ってなかったんやね！」

すっかり涼しくなった秋の生物室で、香織は思わずミカと抱き合った。でも、一番反応したのは隣の部屋にいた小松先生。「マジでぇーー!?」と、まるで高校生みたいな喜び方だった。応募締め切りの、一週間前のことだった。

◆チーム・ニモ　世界へ羽ばたく

泣きそうなミカの前で、ウツボのウーボ君がゆったりと水槽を横切る。はぁ〜。私もウーボ君になりたい……。

香織とミカの「チーム・ニモ」が書いたイソギンチャクの毒針研究の論文はその後、なんと日本学生科学賞で最高賞を受賞した。そして、さらなるステージが用意された。四カ月後の二〇一五年五月にアメリカ・ピッツバーグで行われる国際学生科学技術フェア（ISEF）への出場が決まったのだ。

「チーム・ニモの研究を世界にアピールするぞ！」なんてはしゃいだのはつかの間。ミカはあることに気づいた。

待って。プレゼンって英語だよね。やばい。私、英語が大の苦手なの！

こうしてミカのため息が止まらない日々が始まった。大会で想定される質問を一〇〇個くらい用意し、外国語指導助手（ALT）の先生に投げかけてもらう練習もその一環。

「Nematocyst discharge（刺胞射出《しほう》）」

はい？　こんな単語、絶対、今後使わないし。いつものゆるふわな部活はどこに行ったの!?

英語が得意で、スラスラと答える香織はさすが水族館部顧問の娘。ミカはウーボ君に慰めてもらうしかなかった。


五月。ＩＳＥＦの会場は、自慢の研究をひっさげて世界中からやってきた若き科学者たちで埋め尽くされていた。審査員は各チームのブースを順に回って、質問する。

カツカツカツ。最初に我々のブースに来たのは、真っ赤なシャツの怖そうな女性の審査員。

「Did you harm the fish?」

ん？　魚を傷つけたか？　大丈夫。クマノミは一匹も傷つけてない。

「Why do you need two people?」

なぜ研究に二人も必要かって？　それはね、香織が顕微鏡をのぞいて、私がパソコンで拡大画面をチェックしてるから。私たちは二人で一人なの。わかる？

火事場のばか力ってヤツか、半ばやけくそなミカの英語は、なぜか相手の心をとらえたらしい。

「Very interesting!」

審査員は満面の笑みで立ち去った。

チーム・ニモはISEFの動物科学部門で、四等という快挙を成し遂げた。

アメリカ遠征はミカにたくさんの変化をもたらした。人前に出るのが苦じゃなくなったし、生まれて初めてのダンスパーティーも経験した。「ミカ、めちゃはじけてたな」って後で香織に笑われたりもした。驚いたのが中間試験。あれだけ苦手だった英語の点数もちょっとだけ上がっていたのだった。


「ミカ、そのパラソル、こっちに頼むわぁ」

月に一度の水族館公開日。九月の今回はちょっと特別。中庭で新たにカフェを始めることになったのだ。その名も「NAGAKO GARDEN CAFE」。

「みんな喜んでくれるといいな」と与田。

「うん、本当にそうだね」。ミカも笑顔で返す。

この一年、チーム・ニモの研究で過ごした時間はいろいろ大変だったけど、夢のようだった。ただ、今こうして、放課後に生物室にやってくるたびにミカは思うのだ。

みんなとおしゃべりしたり、ぼーっと魚を眺めたり。やっぱり私はこののんびりした部活が好きだ。

（二〇一五年九月四日号〜九月二五日号掲載）

利根実業高　生物資源研究部——敵はイノシシなり　（群馬県）

知略の限りを尽くし、戦国の世を生き抜いた真田家ゆかりの町、群馬県沼田市。赤城山のふもとに広がるその豊かな田園地帯が少女たちの戦場だ。

利根実業高校「生物資源研究部」——。神出鬼没の野獣から農作物を守る方法を研究する部活で、おそらく日本一、イノシシに詳しい女子高生だ。

「よ〜し、ＯＫ。今日も無事だったね」

二〇一八年八月中旬、市中心部から車で三〇分ほどの山の中。ロープで囲まれた二メートル四方のスペースに、掘り荒らされた跡がないことを確認し、ナナは大きく頷《うなず》いた。

ここは生物資源研究部の実験区。チームで考案したイノシシ対策の仕掛けを試す場所だ。方法は至ってシンプルで、仕掛けを施した場所と、仕掛けのない場所にそれぞれリンゴや芋を埋め、食い荒らされないかをチェックする。近くにはカメラが三台設置されており、周辺で何かが動くと自動的にシャッターが切られる。

ナナらは週に一度、ここを訪れ、〝宿敵〟の動向を確認している。

部がこのプロジェクトを始めたのは二〇〇八年のことだ。手塩にかけて育てた田畑をぐちゃぐちゃに掘り返すイノシシは農家にとって天敵。被害額だって相当だし、地元のためにも、と研究をスタートさせた。

ただ、それは〝イノシシ一〇年戦争〟と呼んでも過言ではない厳しい戦いとなった。カレらは動物離れした並はずれた知謀で、部員たちが繰り出す計略をことごとく打ち破ったのだ。

過去一〇年間の主立った戦いをまとめると……。

◆軍手の戦い（二〇一二〜一四年）

一〇年戦争の初期の代表的戦い。イノシシの侵攻を食い止めるため、部員らは実験区のロープに使い古した軍手を数十センチメートルおきに設置。風に揺れる軍手に相手が恐れおののくと予想したが、実験区は五六日で陥落。部員たちはその後、何度も軍手を武器に戦いを挑んだが、敗北を重ねた。

◆唐辛子の変（二〇一三年）

軍手の戦いの最中に起きた戦闘。普通の軍手ではイノシシを撃退できないことから、校内で栽培した唐辛子から辛み成分のカプサイシンを抽出して軍手に塗布。抽出作業中は、あまりの刺激に目が痛くなる部員が続出したが、風雨にさらされて成分が薄れたのか、実験区内のエサは五一日目に強奪された。

◆ロープ柵の合戦（二〇一三〜一五年）

恐怖心や刺激物を与える作戦の失敗を受け、物理的な防衛策に挑戦、実験区をロープでぐるぐる巻きにしてガードした。イノシシはロープに絡まるのを嫌がり、一時は一三カ月間も実験区の防衛に成功した。

ただ、勝利目前と思われたある日、勇気あるイノシシ一頭がロープを突破。その後は三六日間で二一回もの猛攻を受け、ロープ柵はイノシシにとって「エサのあるランドマークタワー」的な目印となってしまった。

と、まぁ、そんな度重なる苦い経験を経て、ナナたちは今、あと一歩で、イノシシ戦争に勝利できそうな作戦を編み出しつつある。

「彼を知り、己を知れば、百戦危うからず」。孫子の兵法にもあるように、ヒントはイノシシの視点を知ることにあった。


きっかけは二〇一四年の畜産の授業だった。

当時は、エサの周囲に軍手をつるしてイノシシを威嚇する「軍手作戦」が完全に行き詰まっていた時期。

何とか、この局面を打開せねば……。イノシシ班の先輩たちは藁《わら》にもすがりたいぐらい追い込まれていたらしい。授業中に先生が放った何げない一言を聞き逃さなかった。

「豚は、赤と緑を見分けられません。青はよく分かるんですけどね〜」

あっ、豚！　その手があったか‼

みんなも知ってるかもしれないけれど、豚は、イノシシをより温和に、よりおいしく品種改良して家畜化したもの。つまり、イノシシは豚の祖先なのだ。ということは……？

「青だ！　青いものならイノシシを撃退できるかも」

思い立ったが吉日、というよりは猪突猛進《ちょとつもうしん》のイノシシ班。普通なら専門家に話を聞いたりして、青をどう活用するかじっくり検討するかもしれないが、まず、とにかくやってみる‼

青、青、青……。先輩たちは校内で青いものを探し回った。見つけたのは、倉庫の隅に山積みになっていた廃棄予定の育苗容器だった。軟らかいポリエチレン製でポットと呼ばれる。普通は黒色だけど、利根実では、授業でいろんな野菜を少しずつ栽培するので、見分けがつくように、ピンクや赤、黄色など、カラフルなポットがたくさん置いてあるのだ。

底に開いている水はけ用の穴にロープを通して、青いポットをずらりと連ねる。仕掛けはこれで完成。驚くほどシンプルだが、まずは実験、ということで、とりあえずエサを埋めた実験区に設置した。

直感は大当たりだった。青のポット柵を置いてから三年半以上、実験区内に成獣（大人のイノシシ）の侵入はゼロ。比較のために置いた赤いポット柵の対照区はすぐ荒らされたので、青で囲まれた実験区はそこだけ難攻不落、まさに〝真田丸〞状態となったのだ。

◆イノシシの視界、見えた

こうして沼田市の農家の人たちは、長年苦しんだイノシシの恐怖から解放されることになったのでした。めでたし、めでたし……と、言いたいところだが、物語はそう簡単には進まない。

その後、ナナたち現三年生がぶち当たったのは、「なんで効果があるの？」というそもそも論。確かに実験は大成功したがはっきり言って、思いつき。農家や自治体からも問い合わせも相次いだが、青が効果的な理由がはっきりわからないと、責任を持って農家の人たちに勧めることはできない。

なぜ青ポットだけがイノシシを撃退できたのか――。難題を突きつけられ、悩んでいたナナたちは二〇一六年、筑波大で開かれた「日本哺乳類学会」で、ある大学の先生からこんなアドバイスを受けた。

「イノシシの視界を再現してみたらどう？」

「よし！　これで準備ＯＫ」

その年の冬。ナナらは緊張した面持ちでパソコン画面を見守っていた。この日、彼女たちが挑戦したのは、グラフィックソフトを使ってイノシシの視界を再現する実験だ。

▽緑色を感知する視細胞（錐体細胞《すいたいさいぼう》）がない▽視力は〇・一程度――など、イノシシのデータをソフトに入力し、ナナたちの仕掛けがどのように見えているのかを調べる。

なぜ、青色ポットでイノシシを撃退できるのか。この先には、その答えが待っている。

「いくよ」

ポチッ。マウスを操作して画面の実行ボタンを押す。その瞬間……。

「おぉ～」

およそ女子とは思えない野太いどよめきが上がった。

画面に広がったのは、くすんだモノクロの世界。その中で、青色ポットだけがぼんやりと怪しく浮かび上がる。隣にセットした赤色ポットは、モノクロになり、見分けることも難しい。

これを見れば、イノシシが青色ポットだけに反応する理由がよく分かる。青色作戦にはやっぱり根拠があった。

でも……。喜びに沸くほかの部員を横目にナナはちょっとだけイノシシに同情していた。

「こんな味気ない世界しか見られないなんて、かわいそう」

◆闇夜に光のプレゼント

ちょうど同じ頃、イノシシ班はもう一つ、専門家から指摘された課題と向き合っていた。

「イノシシは薄暗いところでも目が見えるけど、青色を判別できるかどうか……」

幸い青色ポットはこれまで夜も襲撃を受けていない。ただ、コンピューターで夜の視界の再現は難しいらしく、暗闇での青色ポットの効果を証明する手段がなかった。

思い悩んでいた一二月の帰り道、ナナらは劇的な発想の転換に成功する。ヒントになったのは、校舎正面でキラキラと輝くクリスマスツリーだ。

そうだ!! 青が見えるかどうかを考えるんじゃなくて、青を見せればいいんだ。

年明け、イノシシ班はさっそく青色のＬＥＤ電飾を借りて、準備を始めた。青色ポットを連ねた仕掛けにひも状の電飾をはわせ、太陽光発電を取り入れて電気代もゼロに抑えた。

二〇〇球のＬＥＤ電球を配した仕掛けが実験区に設置されたのは二〇一七年四月。残雪を青く照らしながら輝くそのロマンチックな光景に、ナナは満足感でいっぱいだった。

「イノシシたちの味気ない視界をちょっとは楽しくすることができたかも」

だけど、季節はずれの〝クリスマスプレゼント〟は少し刺激が強すぎたかもしれない。春先に活動を本格化させたイノシシたちは実験区に近寄ることすらなかったから。

青色はイノシシ除《よ》けに効果がある――。女子高生が発見したこのシンプルで財布にも優しいイノシシ対策は農業関係者に驚きをもって迎えられた。

二〇一八年二月の「第三回全国ユース環境活動発表大会」では、研究のユニークさが注目されて特別賞を受賞したほか、五月に沖縄で開かれた「第一三回高校環境化学賞」では最優秀賞に輝いた。

仕掛けを取り入れる農家も増え、イノシシ撃退グッズを開発する企業から問い合わせが相次ぐ。

真田の赤備えならぬ利根実の青備え。真田家ゆかりの町、沼田から農家を救う新たな伝説が生まれようとしていた。

◆本業も忘れないで

「え〜と、イノシシの……」

とある日の休み時間、廊下で先生に呼び止められ、ナナはムッとした表情を見せた。

確かに部活でイノシシを研究しているけど、女子にそんな声のかけかたはないでしょ!!

……というわけではなく、利根実の生徒にとって、これはプライドの問題なのだ。

「私、ウシですけど」

かぶせ気味に放たれたナナの言葉に先生は申し訳なさそうな顔をした。

農業系と工業系の二つの学系がある利根実。ナナら農業系の生徒はそれぞれ専門分野を持ち、個々人で研究に取り組んでいる。

ナナの専門はウシで、研究テーマは〝おいしい和牛が育つ環境について〟。学校から車で二〇分ほどの「赤城農場」に通い、牛舎の掃除や給餌をしながら、ウシの皮膚病を引き起こす虫の防除について学ぶ。イノシシの研究も大事だが、ナナにとって本業と言えば、やっぱりウシなのだ。

ちなみにイノシシ班のほかの三年生だと、ミカはナナと同じウシ担当。ホノカは馬、ナミはニンニクを栽培している。生物資源研究部が一〇年の試行錯誤の末、画期的なイノシシ対策を練り上げることができたのも、多様な分野の専門知識がベースにあったことが大きい。

◆命をいただく授業

一次産業について学ぶということは、命と向き合うことでもある。ナナには忘れられない授業がある。

一年の三学期のこと。先生がクラスに一〇個の有精卵を持ってきた。卵から鶏になるまでを観察するという。

「名前を付けてもいいですよ」。先生から促され、ナナは卵の一つに「恋羽《こいは》」という名前をつけた。

孵卵器《ふらんき》で温め、数時間おきに卵を転がすこと三週間。殻を破って出てきたのは、ふわっふわのひよこ。手のひらに乗っけると壊れそうで、温かかった。

それからは毎日、エサをあげて、小屋を掃除して、ひよこの世話をする日々。スケッチするときに安心しきって腕の中でスヤスヤと寝ることもあったし、よちよちと人の後をついていく姿もかわいくて、何だかお母さんになった気分だった。

だけど、孵化から三カ月後、二年生になったナナたちを待ち受けていたのは、悲しい別れだった。

「そろそろ、食肉処理しましょう」

やだ……。涙がこぼれる。

「命をいただくまでが授業です」。先生のきっぱりとした一言にナナは泣きじゃくりながら包丁を手に取った。

数時間後、クラスで開かれたのは鶏をメインにしたバーベキュー大会。かみしめた鶏肉の味は本当においしくて、またちょっと涙が出た。

イノシシと戦った生物資源研究部の一〇年間も実は同じ。命と向き合うかけがえのない時間だった。〝青備え〟の発見から、最近はとんとご無沙汰しているけど、みんな今、どこで何をしているのだろう。遠く連なる山並みを見るたびに、ナナは宿敵のつぶらな瞳を思い出す。

（二〇一八年九月七日号～一〇月五日号掲載）

ちくまプリマー新書

002 **先生はえらい** 内田樹
「先生はえらい」のです。たとえ何ひとつ教えてくれなくても。「えらい」と思いさえすれば学びの道はひらかれる。——だれもが幸福になれる、常識やぶりの教育論。

028 **「ビミョーな未来」をどう生きるか** 藤原和博
「万人にとっての正解」がない時代になった。勉強は、仕事は、何のためにするのだろう。未来を豊かにイメージするために、今日から実践したい生き方の極意。

067 **いのちはなぜ大切なのか** 小澤竹俊
いのちはなぜ大切なの？——この問いにどう答える？子どもたちが自分や他人を傷つけないために、どんなケアが必要か？　ホスピス医による真の「いのちの授業」。

099 **なぜ「大学は出ておきなさい」と言われるのか——キャリアにつながる学び方** 浦坂純子
将来のキャリアを意識した受験勉強の仕方、大学の選び方、学び方とは？　就活を有利にするのは留学でも資格でもない！　データから読み解く「大学で何を学ぶか」。

105 **あなたの勉強法はどこがいけないのか？** 西林克彦
勉強ができない理由を、「能力」のせいにしていませんか？「できる」人の「知識のしくみ」が自分のものになる方法を、認知心理学から、やさしくアドバイスします。

197 **キャリア教育のウソ** 児美川孝一郎
この十年余りで急速に広まったキャリア教育。でも、正社員になればOK？　やりたいこと至上主義のワナとは？　振り回されずに自らの進路を描く方法、教えます。

277 **先生は教えてくれない大学のトリセツ** 田中研之輔
大学の4年間どうやって過ごしますか？　なんとなく講義を受けているだけではもったいない。卒業後どう生きるか目標をもって、大学を有効利用する方法を教えます。

ちくまプリマー新書

064 民主主義という不思議な仕組み　佐々木毅
誰もがあたりまえだと思っている民主主義。それは、本当にいいものなのだろうか？　この制度の成立過程を振り返りながら、私たちと政治との関係について考える。

143 国際貢献のウソ　伊勢﨑賢治
国際NGO・国連・政府を30年渡り歩いて痛感した「国際貢献」の美名のもとのウソやデタラメとは。思い込みを解いて現実を知り、国際情勢を判断する力をつけよう。

204 池上彰の憲法入門　池上彰
改正したら、日本の未来はどうなるの？　憲法はとても大事なものだから、しっかり考える必要がある。今こそ知っておくべきギモン点に池上さんがお答えします！

239 地図で読む「国際関係」入門　眞淳平
近年大きな転換期を迎えていると言われる国際関係。その歴史的背景や今後のテーマについて、地図をはじめ豊富な資料を使い読み解く。国際情勢が2時間でわかる。

256 国家を考えてみよう　橋本治
国家は国民のものなのに、考えるのは難しい。日本の国の歴史をたどりつつ、考えることを難しくしている理由を探る。考え学び続けることの大切さを伝える。

257 学校が教えないほんとうの政治の話　斎藤美奈子
若者の投票率が低いのは「ひいき」がないから。「ひいきの政治チーム」を決めるにはどうしたらいいのか。あなたの「地元」を確かめるところから始める政治入門。

340 はじめての憲法　篠田英朗
日本国憲法の制定過程をポツダム宣言受諾後の「ポツダム・プロセス」と見ることで憲法の本当の姿がわかる。気鋭の国際政治学者による、世界水準の憲法入門講義。

ちくまプリマー新書

079 **友だち幻想**
——人と人の〈つながり〉を考える
菅野仁
「みんな仲良く」という理念、「私を丸ごと受け入れてくれる人がきっといる」という幻想の中に真の親しさは得られない。人間関係を根本から見直す、実用的社会学の本。

074 **ほんとはこわい「やさしさ社会」**
森真一
「やさしさ」「楽しさ」が善いとされ、人間関係のルールである現代社会。それがもたらす「しんどさ」「こわさ」をなくし、もっと気楽に生きるための智恵を探る。

122 **社会学にできること**
西研
菅野仁
社会学とはどういう学問なのか。社会を客観的にとらえるだけなのか。古典社会学から現代の理論までを論じ、自分と社会をつなげるための知的見取り図を提示する。

169 **「しがらみ」を科学する**
——高校生からの社会心理学入門
山岸俊男
社会とは、私たちの心が作り出す「しがらみ」だ。「空気」を生む社会そのものの構造を解き明かし、自由に生きる道を考える。KYなんてこわくない！

192 **ソーシャルワーカーという仕事**
宮本節子
ソーシャルワーカーってなにをしているの？　70年代から第一線で活躍してきたパイオニアが、自らの経験を迫力いっぱいで語り「人を助ける仕事」の醍醐味を伝授。

236 **〈自分らしさ〉って何だろう？**
——自分と向き合う心理学
榎本博明
青年期に誰しもがぶつかる〈自分らしさ〉の問題。答えを見出しにくい現代において、どうすれば自分らしく生きていけるのか。「自己物語」という視点から考える。

316 **なぜ人と人は支え合うのか**
——「障害」から考える
渡辺一史
障害者を考えることは健常者を考えることであり、同時に自分自身を考えること。なぜ人と人は支え合って生きるのかを「障害」を軸に解き明かす。

ちくまプリマー新書

113
中学生からの哲学「超」入門
——自分の意志を持つということ
竹田青嗣
自分とは何か。なぜ宗教は生まれたのか。なぜ人を殺してはいけないのか。満たされない気持ちの正体は何なのか……。読めば聡明になる、悩みや疑問への哲学的考え方。

167
はじめて学ぶ生命倫理
——「いのち」は誰が決めるのか
小林亜津子
医療が発達した現在、自己の生命の決定権を持つのは、自分自身？　医療者？　家族？　生命倫理学が積み重ねてきた、いのちの判断を巡る「対話」に参加しませんか。

276
はじめての哲学的思考
苫野一徳
哲学は物事の本質を見極める、力強い思考法を生み出してきた。誰もが納得できる考えに到達するためのその思考法のエッセンスを、初学者にも理解できるよう伝える。

287
なぜと問うのはなぜだろう
吉田夏彦
ある／ないとはどういうことか？　人は死んだらどこへ行くのか——永遠の問いに自分の答えをみつけるための、哲学的思考法への誘い。伝説の名著、待望の復刊！

332
宇宙はなぜ哲学の問題になるのか
伊藤邦武
「宇宙に果てはあるか」「広大な宇宙の片隅の私達は何者か」。プラトンもカントもウィトゲンシュタインも、哲学的思考の出発点は宇宙だった。謎の極限への大冒険。

308
幸福とは何か
——思考実験で学ぶ倫理学入門
森村進
幸福とは何か。私たちは何のために生きているのか——誰もが一度は心をつかまれるこの問題を、たくさんの思考実験を通して考えよう。思考力を鍛える練習問題つき。

329
何のための「教養」か
桑子敏雄
単なる〝飾り〟か、それとも〝命綱〟か。教養の力で人びとの合意形成を図る「地を這う哲学者」が斬り込む。すぐれた選択を導く知、思慮深さとはどういうもの？

ちくまプリマー新書352

部活魂《ぶかつだましい》！　この文化部《ぶんかぶ》がすごい

二〇二〇年六月十日　初版第一刷発行

著者　読売中高生新聞編集室（よみうりちゅうこうせいしんぶんへんしゅうしつ）

装幀　クラフト・エヴィング商會

発行者　喜入冬子

発行所　株式会社筑摩書房
東京都台東区蔵前二‐五‐三　〒一一一‐八七五五
電話番号　〇三‐五六八七‐二六〇一（代表）

印刷・製本　中央精版印刷株式会社

ISBN978-4-480-68378-6 C0237 Printed in Japan